Comment développer votre puissance mentale grâce à la nouvelle radiesthésie

CHRISTIANE DENRYCK

Comment développer votre puissance mentale grâce à la nouvelle radiesthésie

Photographies de Robert Dehin

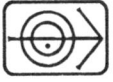

Éditions Godefroy

SOMMAIRE

INTRODUCTION

Radiesthésie, sourcier, baguette, pendule,... Dans l'esprit de bien des gens, ces termes évoquent encore soit une faculté mystérieuse, soit une forme de sorcellerie ou de charlatanisme. Mais si vous vous êtes procuré ce livre, vous êtes sans doute déjà un peu dans le «secret des dieux». Et vous savez - ou soupçonnez - que la ressemblance entre «sourcier» et «sorcier» est sans conséquence.

A vrai dire, cette technique de recherche intuitive qu'est la radiesthésie n'est pas si mystérieuse. Ce qui n'enlève rien cependant, à l'aspect extraordinaire ou spectaculaire des résultats qu'elle permet d'obtenir.

De nombreux exemples laissent d'ailleurs à penser que, même en «hauts lieux», cette faculté inhabituelle est prise fort au sérieux. Comme, par exemple, dans le curieux dossier Cameron.

Un radiesthésiste «dangereux»

Verne Cameron est un extraordinaire sourcier américain. Sa réputation a vite dépassé les frontières des États-Unis. Et c'est ainsi qu'au cours des années 60, le gouvernement sud-africain lui propose de venir en Afrique du Sud pour découvrir diverses ressources naturelles par la radiesthésie.

Comme tout bon citoyen qui se respecte, Verne Cameron fait une demande de passeport pour aller séjourner un certain temps en Afrique du Sud. Mais sans explication aucune, sa demande est refusée.

Après de nombreuses recherches, il apprend finalement que la CIA et la Marine américaine sont à l'origine de ce refus incontournable. Tout remonte à 1959. A cette époque, il avait écrit à la Marine américaine pour annoncer que ses talents de radiesthésiste lui permettaient de localiser tous les sous-marins américains.

Dans une lettre, le vice-amiral Maurice E. Curtis lui proposa une date et un lieu pour passer le test. Au jour dit, Cameron se présenta donc.

En quelques minutes, il réussit à localiser tous les sous-marins américains en se servant simplement d'une carte et d'un pendule. Mais, il n'en resta pas là. Il parvint aussi à situer tous les sous-marins soviétiques.

Curieusement, malgré sa formidable performance radiesthésique, il n'entendit plus jamais parler de cette épreuve jusqu'à ses démêlés avec l'immigration. Depuis 1959, les plus hautes autorités militaires le considéraient comme un grave risque pour la sécurité de l'état. Il n'était donc pas question qu'il quitte les États-Unis. Et c'est ce qui expliquait pourquoi on lui avait refusé un passeport.

Cet exemple n'a rien d'unique. L'armée américaine a notamment mené des expériences radiesthésiques durant la guerre au Viêt-Nam. Tout indique également, que les armées allemande et française utilisaient aussi la radiesthésie durant la deuxième guerre mondiale (voir chapitre 21, section A).

Les ex-soviétiques et la méthode des effets biophysiques

Cette anecdote montre bien que la radiesthésie est loin d'être une simple bizarrerie occulte et sans valeur. Et si elle ne jouit peut-être pas toujours de la reconnaissance officielle qu'elle mérite dans nos pays, elle n'en est pas moins devenue une «éminence grise» fort respectée de plusieurs gouvernements.

À cette loi du silence qui entoure la radiesthésie, il y a heureusement certaines exceptions. Ainsi, dans l'ancienne URSS, où sévissait pourtant une pensée hypermatérialiste, la radiesthésie était officiellement étudiée dans les instituts de géologie.

Beaucoup d'expériences eurent lieu pour en tester les possibilités. Et plusieurs des physiciens et géologues qui étaient rattachés à ces instituts pratiquaient eux-mêmes la radiesthésie.

C'était avant tout pour déceler ce que leur sol contenait en richesses minières que les ex-soviétiques avaient recours à la baguette. Ils ont d'ailleurs été bien récompensés de leur enthousiasme, puisqu'ils sont devenus très forts dans cet art et qu'ils obtiennent des résultats spectaculaires.

Les ex-soviétiques avaient cru bon cependant de dépoussiérer la radiesthésie afin de lui ôter toute connotation magique. Ils l'avaient donc nommée méthode des effets biophysiques.

A l'heure actuelle, des ex-républiques soviétiques continuent d'utiliser la radiesthésie. Outre le gouvernement d'Afrique du Sud déjà mentionné plus haut, il y a aussi celui d'Australie qui engage officiellement des sourciers. Citons également la Colombie Britannique (au Canada) qui, dans les années 30, a fait appel à l'australienne Evelyn Penrose, l'une des plus remarquables sourcières de notre époque.

Hommes ou femmes : qui sont les plus doués ?

Le cas d'Evelyn Penrose m'amène à aborder la question des femmes en radiesthésie. Il faut l'avouer, en France, la radiesthésie tend à demeurer la chasse gardée des hommes.

Mais je tiens à préciser pour mes lectrices qu'outre Evelyn Penrose, bien des femmes radiesthésistes ont laissé leurs marques tout au cours de l'histoire de la radiesthésie.

L'une des plus célèbres est sans doute Martine de Bertereau. Au XVIIe siècle, celle-ci découvrit avec son mari plus de 150 gisements miniers pour le compte de l'État de France (voyez le chapitre 2).

Au XXe siècle, plusieurs expériences effectuées de par le monde ont d'ailleurs bien montré que les femmes n'ont rien à envier aux hommes en ce domaine. Ainsi, parmi leurs nombreuses expériences sur les effets biophysiques, les soviétiques ont mené <u>plus de 200 expériences</u> pour étudier les capacités respectives des hommes et des femmes en matière de sourcellerie.

Lors d'une de ces expériences, les chercheurs demandaient aux sujets de passer au-dessus d'un gisement métallifère localisé à plus de 80 mètres sous la surface du sol. Selon le cas, il s'agissait de gisements d'or, de zinc ou de plomb.

Les résultats ? Dans 40 % des cas, la baguette des sujets féminins tournait au-dessus de la couche minérale. Mais chez les hommes le taux de réussite n'était que de... 20 %.

Ces statistiques peuvent surprendre. Mais en réalité, il n'y a là rien de bien étonnant. Les femmes ont naturellement un «sens de la terre» plus développé que celui des hommes. Elles sont aussi plus intuitives et plus réceptives.

De plus en plus d'utilisations

Le champ d'action de la radiesthésie s'est beaucoup élargi avec le temps. Celle-ci n'est plus seulement une technique de détection d'eau ou de gisements métallifères.

Des radiesthésistes s'emploient également à retrouver des objets et des personnes disparus (voyez les chapitres 16 et 17). D'autres «pendulisent» pour identifier les maladies, trouver le médicament qui les guérit, savoir quelle nourriture convient le mieux à telle ou telle personne (voyez le chapitre 20).

Des experts ont même recours aux radiesthésistes pour discerner un «vrai» tableau d'un faux. Le pendule peut déterminer si tel grand peintre est bel et bien l'auteur d'une œuvre. La contre-façon trouve là un adversaire très fort, qui lui laisse bien peu de chances.

Même chose pour les métaux rares et les bijoux. De nos jours, l'imitation des pierres précieuses est si sophistiquée que même les experts peuvent confondre une authentique pierre avec de la pacotille. Plus que jamais, la radiesthésie s'avère donc un outil... précieux.

Vous aussi, vous pouvez pratiquer la radiesthésie

Comme beaucoup de gens qui s'intéressent à la radiesthésie, vous vous demandez peut-être : «Puis-je, moi aussi, faire de la radiesthésie ?» Sans hésitation, ma réponse est OUI.

La radiesthésie est une faculté naturelle que TOUT LE MONDE peut développer.

Certes, il y en a qui ont plus de facilité au départ. Mais le temps joue pour vous. Peut-être devrez-vous travailler plus fort et plus longtemps que d'autres pour obtenir des résultats. Néan-moins, si vous persévérez, vous atteindrez le même objectif - et qui sait, peut-être même avant les plus doués. Souvenez-vous du lièvre et de la tortue !

Dans tous les cas, ne vous découragez jamais. Chacun possède sa propre forme de radiesthésie. Comme le disait en 1976 le fameux Arthur Bailey, lors d'un Congrès des sourciers qui eut lieu en Écosse :

«Les instructions du cerveau qui parviennent à une certaine partie du corps pour que le muscle se tende ou déclenche une réaction radiesthésique peuvent différer complètement d'une personne à l'autre. Si vous essayez les baguettes en L ou la baguette fourchue et que cela ne marche pas, n'en concluez pas pour autant que vous ne pouvez pas faire de la radiesthésie. Le réflexe sourcier pourrait se manifester par un picotement dans les doigts ou une contraction des muscles stomacaux. La plupart des gens peuvent pratiquer la radiesthésie et ils obtiennent une très grande variété de réactions.»*

Une méthode progressive

Au cours de mes études en radiesthésie, j'ai trop vu de livres qui ne tenaient pas compte des obstacles de base. De fait, les livres généralement disponibles ne fournissent pas de techniques de développement progressif de la puissance mentale de la personne. Ils donnent les principes de base et montrent les résultats à obtenir.

Dans ces conditions, seuls les gens exceptionnellement doués peuvent faire de la radiesthésie. Pour les autres, à moins qu'ils n'aient un «transfert de connaissance» direct par un maître en radiesthésie ou découvrent par hasard certains trucs, ils végéteront toujours.

En fait, la plupart des méthodes pourraient se comparer à une maison avec beaucoup d'étages où il manque l'escalier pour mener au premier.

Les gens qui sont déjà au premier étage peuvent évidemment continuer à monter jusqu'au

---

* Cité dans *Pendulum : The Psi Connection*, Francis Hitching, P.67, Fontana/Collins, 1977.

dernier étage. Mais les autres n'ont aucune forme d'accès au premier étage.

Ayant constaté cela, je me suis dit que je ne voulais pas encombrer inutilement votre bibliothèque. Je me suis donc efforcée d'écrire un guide complet et détaillé qui puisse vraiment vous aider. Avec ce livre, si vous débutez, vous trouverez donc un escalier progressif et facile pour accéder au premier étage.

Également au menu

Je n'ai pas négligé, pour autant, les adeptes plus avancés. Si c'est votre cas - ou si cela le devient, vous trouverez également ample matière à vous «mettre sous la dent».

Voici donc quelques autres plats au menu !

En sourcellerie, vous apprendrez non seulement à trouver de l'eau, mais aussi à connaître son débit et ses caractéristiques (est-elle ferrugineuse, salée, etc. ?). Voyez le chapitre 13.

Avec la psycho-radiesthésie (chapitre 15), vous découvrirez comment :

- aider votre entourage (ou vous-même) à s'orienter au niveau scolaire et professionnel vers la voie la meilleure,
- percer le secret des personnalités et juger les autres en un clin d'œil,
- vous auto-analyser pour savoir quelle est l'origine de vos difficultés et comment les résoudre,
- découvrir vos talents cachés ou ceux des autres,

- répondre à beaucoup de questions simplement en examinant n'importe quelle écriture (même si elle est contrefaite),
- choisir les meilleures couleurs de vêtements pour vous ou pour les autres,
- évaluer les compatibilités entre les êtres et deviner si il (elle) est attiré(e) par vous.

Au chapitre 18, vous verrez aussi comment :

- vous orienter avec le pendule ou la baguette, si vous êtes perdu, où que vous soyez,
- que vous soyez chasseur ou pêcheur, trouver à coup sûr où se cache le meilleur gibier ou la plus belle pièce,
- deviner la météo avec précision plusieurs jours à l'avance.

Dans le domaine pratique, vous serez initié à la manière de :

- trouver les bonnes réponses lors d'un examen,
- transformer les petites annonces en mine d'or sans perdre de temps,
- impressionner l'employeur ou le chef du personnel lors d'un entretien d'embauche.

Vous apprendrez aussi comment appliquer la radiesthésie à tous les aspects du commerce : études de marché, optimisation de la publicité, gestion financière des petits et des gros commerces, choix des clients et des associés. Sans compter la possibilité de multiplier vos gains en bourse. Voyez le chapitre 19.

À cela s'ajoute les étonnantes possibilités de la radiesthésie médicale (chapitre 20). Vous verrez comment :

- trouver les remèdes naturels qui vous conviennent puis évaluer les dosages adéquats,
- découvrir les aliments auxquels vous êtes allergique,
- savoir si votre maison n'est pas une «maison à cancer».

Enfin, quelques petits extras. Au chapitre 21, voyez, entre autres, comment :

- trouver la maison de vos rêves,
- découvrir des informations rares,
- devenir un expert en bricolage,
- éviter de vous faire «rouler» par un garagiste,
- ou, tout simplement, deviner le nombre de factures ou de règlements que vous recevrez dans les jours à venir.

Mais comme pour tout grand repas qui se respecte, il y a d'abord l'apéritif et les entrées. Ne sautez aucune étape de cette méthode si vous tenez à goûter au dessert !

PARTIE 1

QU'EST-CE QUE LA RADIESTHÉSIE ?

Chapitre 1

COMMENT JE FUS INITIÉE À LA RADIESTHÉSIE

Dans ma Bretagne natale

Aussi loin que je puisse remonter dans ma mémoire, la radiesthésie a toujours fait partie de ma vie courante. Mais les gens n'employaient pas ce monstre étymologique. Ils parlaient plutôt de sourciers et de rebouteux.

En 1933, mes parents quittèrent Paris pour se fixer à Quimper en Bretagne. Là, ils ouvrirent un commerce d'installations sanitaires. Ils se spécialisèrent dans le «beau», comme ils disaient. Ce commerce leur attira une clientèle de paysans aisés qui avaient de l'argent mais pas encore de confort.

À la fin de la guerre, finies les restrictions ! Pour les riches fermiers, il n'y eut rien de trop beau. Ils voulurent à la fois conserver ce qu'il y avait de bon dans les traditions bretonnes et adopter les dernières inventions en matière d'agriculture et de confort dans la maison.

Qu'un paysan voie à Paris des robinets, et tout d'un coup, cela ne pouvait plus attendre. Il en voulait un. Et une pompe au puits, au lieu de mouliner péniblement la corde pour remonter les seaux. Et tant qu'à faire, pourquoi pas une salle de bains ?

Le voisin voulait faire pareil, pour ne pas être en reste. Une douce rivalité s'installait alors, une sorte d'émulation à adopter un peu de progrès.

Mais pour se mettre ainsi au diapason du monde moderne, il leur fallait de l'eau sur place. Or, les paysans se plaignaient de ne trouver que de l'eau salée quand ils creusaient. La mer n'étant jamais loin.

Certes, beaucoup de gens savait jouer de baguette pour trouver de l'eau. Mais encore fallait-il qu'elle soit bonne. Comment analyser cette eau à distance ?

Le fameux Alcide Boudot

Conscient de ce besoin, mon père en parla à un représentant quand il passa. Et sa société lui envoya le fameux Alcide Boudot.

Sourcier de son métier, celui-ci était appelé de façon régulière pour trouver de l'eau. Ensuite, sa société vendait des pompes aux paysans des régions de France.

Avec Alcide Boudot, mon père sillonna la région. Ainsi, ils proposaient aux paysans de voir s'il y avait de l'eau potable chez eux.

Toute petite, je voyais donc venir chez nous ce monsieur, du genre gentleman-farmer. Il sentait bon l'eau de Cologne. Il portait des bottes de fermier d'où émergeait le velours côtelé (car mon jeune âge me faisait faire la connaissance des gens d'abord par leurs souliers).

- *Bonjour, Monsieur Boudot.*

Cet Alcide avait, à mes yeux d'enfant, un sac plein de mystères, des baguettes en forme de fourche, en bois et en fanons de baleine, des pendules sphériques, en bois, en ivoire, en os, en cuivre.

Le sourcier marchait à grandes enjambées, en partant d'un talus, tenant à pleines mains, doigts tournés vers le haut, une baguette en forme de fourche, la pointe dirigée vers lui. Il retraversait le champ en biais et faisait ainsi des recoupements pour repérer les points d'eau. Il détectait l'eau au premier passage, analysait qualité et profondeur aux autres passages.

- Vous avez trois points d'eau. Celui-là, c'est de l'eau saumâtre. Les deux autres contiennent de l'eau potable. Il faut creuser à 7 mètres, pour celui-ci. Vous aurez après quelques jours, un débit régulier de 30 mètres cubes par 24 heures. Elle sera légèrement ferrugineuse, mais vous n'en sentirez pas le goût en la buvant. Cela salira un peu les récipients ; c'est tout. Et c'est bon pour la santé ! Quant au troisième point, l'eau affleure à 5 mètres ; on dirait qu'elle est empoisonnée par une bête crevée. Avez-vous enterré là quelque chose ?

- Mon chien... un accident de chasse, le mois dernier. Ce maladroit de Penarun.

- Faut aucun déchet dans un rayon de dix mètres. Les infiltrations pourraient tuer votre eau pour quatre à cinq ans. Si c'est là que vous voulez le creuser, bien sûr. !

- Pour sûr, Monsieur ! Mon père aussi trouvait de l'eau. On ne trouve plus de sourcier comme lui. Faut aller jusqu'à Vannes. Et nous, chaque fois qu'on creuse, on ne trouve que de

l'eau salée. J'savais point que j'avais d'la bonne eau. Allez donc aussi chez mon frère, la maison blanche là-bas, au lieu dit Menez Kervouyen... Mais, qui me dit que vous dites vrai ?

- Si vous creusez, faites-le un jour que je suis de passage dans la région. Je vous guiderai pendant le creusage. Peut-être que sept mètres mesurent sept mètres cinquante. C'est le centimètre du maçon. Au moment où je vous dirai :«À profondeur de bêche», vous verrez vous-même l'eau venir remplir vos bottes.

Et ils riaient.

- Maintenant, on va voir votre frère.

Plus qu'un sourcier

Les compétences de cet Alcide ne s'arrêtaient pas à l'eau. Comme ma mère attendait un bébé, il plaisanta en faisant osciller son pendule devant elle, tout en buvant son apéritif.

- C'est une fille.

- Non, c'est un petit Marc.

- Elle a les yeux bleus de son père, mais ne portera pas son prénom.

- Est-elle bien portante ? demandait ma mère.

- Oui, elle va bien. Et vous, ça va ? Même sans apéritif ? demandait-il, taquin.

Ce fut ma sœur. Elle a les yeux bleus de mon père.

Mes premiers essais

Mes parents décidèrent d'acheter un morceau de lande entre Concarneau et Beg Meil. Kermoor était à vingt mètres de la plage. Il y avait de fortes chances de voir, par grande marée, la mer imbiber les prés. Pourtant, à la ferme de Gourlaouen, un puits profond donnait une très bonne eau. Nous décidâmes d'en faire un aussi.

Mon père se souvint alors de toutes les campagnes arpentées en compagnie d'Alcide Boudot. Il coupa des fourches dans les noisetiers du talus, et tous, petits et grands, armés d'une baguette, nous entreprîmes de chercher de l'eau.

La lande était immense, infestée de ronces et d'ajoncs. Je n'avais que dix ans ; mon fluide faisait néanmoins baisser la baguette. Mais, quand mon père serrait mon bras, la baguette se mettait à osciller de façon beaucoup plus frénétique, à mon grand ravissement.

Avec mes sœurs aussi, la baguette tournait.

- *Regarde ! L'écorce est restée collée à mes mains ; le bois a tourné dans l'écorce,* me cria Josette.

- *Parce que ton bois est frais. Je change de baguette ; ce vieux bois n'est pas amusant.*

Je taillai une branche verte dans la haie.

- *Attends que je te la prépare, me dit mon père. Je ne veux pas que tu te blesses... Là, va donc explorer près du portail. J'ai repéré un endroit. Je veux voir si tu le trouves aussi.*

Je marchai lentement comme j'avais vu mon père le faire. Et la baguette ne bougea pas. Je m'approchai du portail. La baguette se pencha soudain par l'arrière, fit un grand tour. Elle resta tournée, la pointe vers le sol, prise de convulsions. Et je ris de joie.

- *Papa ! Papa ! Y'a de l'eau ! Amène les verres !*

Je commence à étudier la radiesthésie pour de bon

Un peu plus âgée, je décidais d'étudier cette «science» de façon sérieuse et systématique.

Dans une librairie, je trouvai plusieurs sortes de pendules. Il y avait notamment un pendule en bois tourné, allongé comme un petit piment. Je vis aussi une boule de bois munie d'un petit pinceau qui servait à écrire sur une feuille tous les méandres du pendule jusqu'à sa direction finale.

Je remarquai également une boule de cuivre chromé, avec cachette incorporée dans le bouchon pour insérer un témoin*. Je choisis finalement ce pendule et je le gardai toujours dans ma poche pour l'imprégner de mes vibrations.

Je commençai à m'entraîner avec des cartes à jouer. Je les battais et en choisissais une au hasard. Je demandais au pendule de tourner à droite si la carte était rouge (cœur ou carreau) et à gauche si la carte était noire (trèfle ou pique).

Après avoir trouvé la couleur, je cherchais si c'était une figure ou un chiffre. Et je cernais ainsi la recherche avec plus de précision.

---

* Le témoin est un élément concret ou symbolique permettant d'évoquer plus facilement ce qu'on cherche. Voir chapitre 4.

Après quelques jour, j'arrivais à trouver la couleur, la figure ou le chiffre. J'étais fatiguée à force de me concentrer ; je ne trouvais pas toujours si la figure était un roi ou un valet.

Cela devint une discipline de tous les soirs. À l'heure calme, fatiguée physiquement de ma journée, la concentration était superbe. Mes progrès piquaient ma curiosité pour aller toujours un peu plus loin.

Je m'essaie à la recherche sur plan

Je passai ensuite à la recherche sur plan. Je cherchai des objets perdus dans mon appartement. Pour cela, je lançais un livre à travers le salon, au ras du sol. Où est-il allé ? Sous le canapé ? Sous le fauteuil ? Sous la bibliothèque ? Et je cherchais sur le plan que j'avais fait de la pièce.

Puis ce furent les recherches réelles. Un jour, une étudiante s'engouffre dans la bibliothèque dont j'avais la charge. Loin de respecter le silence traditionnel, elle s'affolait :

- Mon sac d'instruments, je ne le trouve plus. Je l'avais laissé sur un fauteuil de la salle d'attente. Vous ne l'avez pas vu ?

- Non. Voulez-vous vérifier dans le bureau de l'appariteur et revenir me voir dans cinq minutes. Pas avant, je suis occupée.

Je prends une feuille, dessine en hâte le plan de l'École d'Optométrie, toutes les salles d'examen, les bureaux, la bibliothèque, le hall, la salle d'attente. Puis, je prends mon alliance et la suspend à un fil.

- Un sac. Beaucoup de métal dedans. J'imagine le sac en tout petit dans la cachette du pendule. Je vois Merlin L'enchanteur en train de déménager. Il réduit ses meubles à une taille minuscule. Le sac minuscule est là, dans mon pendule. Où est le vrai sac, le grand sac ?

Les trajectoires se croisent au-dessus du bureau de la secrétaire de l'École. Pas de doute. C'est dans le bureau. Comme l'étudiante revenait, je lui dis.

- Voudriez-vous aller demander à la secrétaire si elle ne l'a pas rangé quelque part ?

L'étudiante revint, rayonnante.

- Figurez-vous qu'il était sous le bureau de la secrétaire. Elle l'a vu traîner sur un fauteuil et avait peur que quelqu'un l'emporte par mégarde. Elle l'a rangé sous son bureau.

Je ris. Le succès m'amuse, comme une balle bien placée au tennis. Mais, surtout, je ne dis rien à personne. Je n'allais pas me vanter d'un talent quelconque. Je sentais tellement que j'en étais aux balbutiements d'une belle science dont je n'avais tout juste cueilli que quelques bribes.

Il suffirait d'un échec public pour qu'on se moque de moi. M'exercer en secret, c'était bien plus drôle comme cela. Tant que durerait l'apprentissage...

À vous de jouer !

Bien des années ont passé depuis ces premiers essais souvent laborieux mais combien exaltants. Et c'est à mon tour maintenant d'écrire un livre qui saura, je l'espère, vous inspirer et vous convaincre d'explorer à votre tour cette autre dimension de l'esprit humain qu'est la radiesthésie.

Ces modestes objets que sont la baguette et le pendule ont prouvé leur utilité dans la recherche de lieux, d'êtres animés, de choses, de renseignements.

Est-ce l'homme qui capte le champ magnétique de la chose, du lieu, de l'idée ? Est-ce la vibration de l'être humain qui est pulsée vers l'objet de la recherche, l'attirant comme un aimant ?

Beaucoup d'auteurs proposent des explications au phénomène de la radiesthésie. L'important n'est-il pas de s'en servir ?

Après tant de résultats concrets, qui sont monnaie courante dans bien des cultures, comment ne pas s'étonner de voir contestées les qualités du pendule et de la baguette ? Dans ma jeunesse, j'ai toujours vu les gens les utiliser et avec le même naturel que lorsqu'ils signaient le pain avant d'en couper une tranche pour chacun.

Loin de penser que cela pouvait ne pas «marcher», je l'imitais. Ne parlons-nous pas par mimétisme, sans jamais douter d'être compris ? De la même manière, je taillais une branche et je m'en servais sans jamais douter qu'elle donnerait des indications justes.

La foi est un ingrédient indispensable en radiesthésie, car la confiance qu'elle génère se traduit, dirait-on, en vibrations favorables. La nature révèle de façon visible son interaction avec nos pensées.

Vous devez donc mettre le doute de côté sinon ce serait le début de l'échec. Il vous suffit d'essayer et d'observer ce qui se passe.

Il convient aussi d'être à l'écoute des idées qui ne viennent pas de cette partie du cerveau trop habituée à ratiociner à tous propos.

Il vous faut redevenir comme un enfant, perméable, curieux d'un monde inconnu qu'il découvre chaque jour. Les gens modernes se piquent de ne plus être des enfants : finies la fraîcheur, la candeur, l'innocence !

Il s'agit en fait de retourner au point d'équilibre : être cultivé, brillant et instruit certes, mais savoir aussi, à chaque instant, être réceptif à des messages trop subtils pour être saisis par nos cinq sens et nos machines.

Ces messages du subconscient ne sont donnés qu'à ceux qui veulent bien les recevoir. Soyez donc vous aussi à l'écoute. Branchez vos antennes et laissez votre corps amplifier ces messages. Et dès lors, tout vous sera possible en radiesthésie...

Chapitre 2

HISTOIRE DE LA BAGUETTE ET DU PENDULE

La baguette et le bâton ont toujours été pour l'homme synonymes de puissance. Pensons au sceptre des empereurs, au gourdin de celui qui se bat... Ou pensons à l'expression «mener quelqu'un à la baguette». Et puis il y a cette fameuse baguette magique, qui peut changer l'état des choses comme par enchantement.

La baguette du sourcier, elle-aussi, évoque la puissance et le mystère. Mais a-t-elle toujours été l'outil de prédilection des «chercheurs d'eau» ?

Du fond des âges

Jadis*, le sorcier était un devin indispensable. Dans un monde extrêmement hostile, cet homme rusé, puissant et respecté possédait un instinct supérieur qui assurait sa survie et celle des membres de son groupe.

Cependant, son savoir se transmettait d'homme à homme, de génération en génération. C'est pourquoi, faute de preuves précises, nous ignorons si les sorciers employaient la baguette pour découvrir l'eau.

---

* Et encore, jusqu'à un certain point dans les sociétés «primitives» d'aujourd'hui.

On suppose néanmoins que l'homme des sociétés primitives connaissait une forme de radiesthésie qui lui permettait de trouver les sources d'eau et de détecter les refuges des animaux dangereux. Peut-être aussi s'en servait-il pour déterminer quelles étaient les plantes comestibles ?

Les pratiques divinatoires qui ont survécu chez les Amérindiens et d'autres peuples traditionnels, en font foi. De nos jours, ceux-ci recourent encore aux rêves et aux visions pour savoir par exemple, où trouver du gibier.

On sait aussi que le «sens de l'eau» est très présent chez les animaux. Leur instinct de survie leur permet en effet, de sentir des points d'eau à de très grandes distances. Tout permet donc de croire que l'homme primitif, encore très proche de sa nature animale, devait lui aussi posséder ce sixième sens «naturel».

L'empereur radiesthésiste

Nous détenons un premier témoignage précieux : une gravure chinoise datant de l'an 147 avant notre ère. Cette œuvre montre l'empereur chinois Yu, de la dynastie des Hsia, qui régna vers l'an 2200 av. J.-C. C'est le document le plus ancien que nous possédions sur la radiesthésie.

L'empereur Yu y est représenté, tenant dans sa main un instrument en forme de diapason.

La légende de la gravure ne laisse aucun doute sur l'utilité de cet instrument : «Yu, de la dynastie des Hsia, fut célèbre par sa science des gisements miniers et des sources ; il décelait les objets cachés ; il sut régler judicieusement les travaux de la terre avec les diverses saisons».

Le cas Moïse

La Bible aussi mentionne un cas qui pourrait fort bien s'apparenter à la radiesthésie.

Le peuple qui suivait Moïse dans le désert risquait de mourir de soif, faute d'eau potable. Dieu ordonna alors à Moïse de frapper le rocher de l'Horeb avec un bâton : «Précède le peuple et emmène avec toi quelques-uns des anciens d'Israël. Prends également ton bâton avec lequel tu as frappé le Nil et vas-y ! Je me tiendrai devant toi. Si tu frappes le rocher en Horeb, l'eau jaillira et le peuple boira.» (Exode 17,1-6).

Et lorsque Moïse frappa le rocher, l'eau jaillit et le peuple put enfin s'abreuver. Certains préfèreront voir là une intervention miraculeuse. Mais rien n'interdit de penser qu'il s'agissait là tout simplement de la narration un peu confuse d'un acte radiesthésique.

L'exemple de Moïse - qui avait hérité de la science des Égyptiens - et certaines traces archéologiques permettent de supposer que la radiesthésie était une pratique courante en Égypte.

Malheur à ceux dont le nom commence par Théo

On ne possède pas cependant, de preuve absolue que la radiesthésie fut employée dans l'ancienne Egypte. En revanche, il en va tout autrement pour l'Antiquité gréco-romaine. Plusieurs documents - tel le *De divinatione* de

Cicéron - attestent clairement que la radiesthésie faisait partie de la vie de tous les jours.

Des sourciers accompagnaient même les armées romaines pour trouver des points d'eau. Et déjà, à cette époque, on se servait de la baguette pour rechercher les trésors.

Qui plus est, il existait aussi une forme de pendule, comme l'illustre bien l'histoire suivante que cite l'écrivain latin Ammien Marcellin dans son *Rerum Gestarum Libri*.

Au cours du IVe siècle, une conspiration se trama dans le but d'assassiner l'empereur de Byzance, Flavius Valens. Mais certains eurent vent du complot et l'on mit la main sur les conjurés.

Interrogé, l'un d'eux raconta que pour découvrir le nom du successeur de Valens, les conspirateurs firent tourner au-dessus d'un alphabet un anneau fixé à un fil. Or, les quatre premières lettres désignées par l'anneau furent T H E O. Valens condamna alors à mort tous ceux dont le nom commençait par Theo.

Injuste ? Sans doute. Mais le pendule aura pourtant raison puisque l'empereur Théodore succèdera finalement à Valens.

Les sourciers sont-ils des sorciers ?

Du début de l'ère chrétienne à la fin du Moyen Âge, on n'entendra plus parler de la baguette, bien que certains l'aient sans doute utilisée en secret. Mais, à partir du XVIe siècle, on commence à rediscuter de la baguette tantôt en bien, tantôt en mal.

Les Allemands sont parmi les premiers à redécouvrir les vertus de la baguette. Et non seulement pour chercher l'eau, mais aussi pour détecter la présence des trésors et des métaux rares !

Un dessin allemand datant de 1420 montre, en effet, un mineur tenant dans ses mains une baguette fourchue.

De son côté, le moine bénédictin Basile Valentin publie en 1521 l'ouvrage intitulé *Novum testamentum*, dans lequel il qualifie la baguette de 7 adjectifs ayant une connotation fort sexuelle : verge divine, luisante, saillante, transcendante, tremblante, tombante, supérieure. Le célèbre alchimiste raconte aussi dans son ouvrage que les mineurs autrichiens et allemands se servent quotidiennement de la baguette pour détecter les minerais.

Puis, vers 1530, l'ingénieur des mines allemand, Georg Bauer, publie un traité contenant des gravures sur bois montrant des sourciers à l'œuvre.

Cependant, des adversaires se dressent déjà contre la radiesthésie.

L'un des premiers documents publiés sur la question est celui que signe Luther en 1518. Dans ce document, Luther condamne l'usage de la baguette. Ce réformateur religieux allemand voit en effet dans la baguette un moyen de communication avec le diable.

De son côté, le médecin et minéralogiste allemand Agricola signe un *Traité des métaux* (en 1546) où il dénigre l'usage de la baguette, qu'il considère comme un instrument provenant de la magie antique.

Gravure extraite du livre des Mines d'Agricola (1580)

Luther et Agricola n'ont pas tout à fait tort comme en témoigne un grimoire* publié en 1521, intitulé *Le Dragon Rouge*. Ce traité à connotation magique donne des indications assez cocasses sur la façon de se servir de la baguette. On y recommande même le sacrifice d'un poulet !

Pour Luther et Agricola, les sourciers s'apparentent donc, de près ou de loin, à des sorciers. Quelle force fait bouger la baguette ? Est-ce une force maléfique ? C'est, dans tous les cas, une force inexplicable.

Certains sourciers paieront d'ailleurs cher le fait que la baguette soit ainsi mue de façon si mystérieuse.

Le couple à la baguette

En 1600, Pierre de Bernighen, contrôleur général des mines, invite Jean du Châtelet, baron de Beausoleil et originaire du Brabant, à s'établir en France.

Ce savant en minéralogie, épouse Martine de Bertereau en 1610. Cette femme cultivée s'intéresse vivement à la recherche de mines au moyen de la radiesthésie, et de surcroît, elle est éminemment douée pour la chose.

De 1610 à 1626, les époux Beausoleil découvrent des mines d'or et d'argent dans plusieurs pays. Leur renommée ayant franchi les frontières, on fait appel à leurs services d'un peu partout en Europe. Et même de l'Amérique !

---

* Ce joli mot désigne un livre de magie à l'usage des sorciers.

En 1626, le maréchal d'Effiat, surintendant des Mines en France, charge le baron de découvrir des gisements miniers pour le compte de l'État. Et c'est ainsi qu'en France seulement, le couple découvrira plus de 150 mines.

Néanmoins, les époux prospecteurs rencontrent une vive opposition dans leur travail. Plusieurs fonctionnaires royaux les soupçonnent en effet de commerce avec le démon.

Finalement, on les perquisitionne et on confisque leurs instruments de prospection. Cela est d'autant plus navrant que les époux Beausoleil ont engagé leur fortune personnelle dans cette recherche pour l'État.

Ils s'adressent alors au roi, en lui rappelant tout ce qu'ils ont déjà fait pour lui, et demandent une juste rétribution pour leurs bons et loyaux services.

Ils obtiennent en partie gain de cause. Le baron de Beausoleil est nommé inspecteur général des Mines. Mais la compensation financière tarde à venir.

Au bord de la faillite, les époux Beausoleil se tournent alors vers Richelieu. Pour se débarrasser de ces prospecteurs auxquels on doit beaucoup d'argent, ce dernier décide de critiquer les moyens dont ils se servent et les accuse de sorcellerie.

Sans procès, Richelieu fait enfermer Martine de Bertereau à Vincennes, tandis que le baron de Beausoleil prendra le chemin de la Bastille. Victimes de l'intolérance, ils resteront hélas en prison jusqu'à leur mort.

À la tempête succède heureusement le calme, puisqu'à la fin du XVIIe siècle, les autorités religieuses arrêtent de s'acharner sur les pauvres sourciers. À partir de 1682, Colbert interdira aux Tribunaux de recevoir des procès pour cause de sorcellerie.

Mais, si la pratique de la «sourcellerie» ne conduit plus au bûcher ou à la prison, elle est encore loin de faire l'unanimité. C'est ce que montre bien l'histoire du sourcier Jacques Aymar.

Celui qui retrouvait les criminels

À la fin du XVIIe siècle, Jacques Aymar fait sensation par le don inusité qu'il a de retrouver les assassins et les voleurs grâce à sa baguette.

Tout commence à Grenoble alors qu'on recherche les auteurs d'un vol. Le procureur du roi entend parler de Jacques Aymar, déjà très réputé comme sourcier, et il le fait venir sur les lieux du méfait.

À l'intérieur de la maison, la baguette tourne. Aymar sort dehors : sa baguette tourne encore. D'indication en indication, il prend ainsi le chemin... de la prison.

Parvenu là, il trouve 4 hommes incarcérés. La baguette en désigne 2 qui avoueront leur crime par la suite.

Pour ce paysan prospère s'amorce alors une carrière de détective peu ordinaire et une longue suite d'exploits radiesthésiques. Sa renommée s'étend.

Néanmoins, il ne rencontre pas que des admirateurs. L'un de ses détracteurs est le petit-fils de Condé. Ce dernier l'invite à Paris dans le but avoué de le confondre.

Au début, Aymar fait bonne impression. Mais rapidement, de mauvais plaisantins lui tendront des pièges. Par exemple, alors que plusieurs personnes se trouvent réunies, l'une d'entre elles simule un vol. On demande ensuite à Aymar de découvrir qui a commis le vol.

Aymar n'arrive pas à déjouer tous les pièges et parfois même s'attire divers ennuis. Ayant finalement réalisé que l'on voulait se divertir à ses dépends, il retournera en province.

Néanmoins, ce douloureux et humiliant épisode ne l'empêchera pas de passer à la postérité comme l'un des plus grands sourciers de son temps.

On parle de plus en plus de la baguette

Le cas Aymar est si spectaculaire et inexplicable que les beaux esprits de son temps commencent à s'interroger sérieusement sur le phénomène de la radiesthésie. Mais bon nombre d'entre eux estiment encore qu'elle demeure un péché mortel contre Dieu ou la Raison.

En 1689, le Père Lebrun, un oratorien, envoie une lettre au philosophe Malebranche, dans laquelle il lui demande ce qu'il pense du phénomène de la baguette.

Malebranche lui répond qu'il croit que la baguette peut être utile à la recherche des métaux et de l'eau. Quand il s'agit de trouver des voleurs, cela devient cependant une question d'ordre moral. Et c'est le démon qu'il juge alors responsable...

En 1693, paraît un ouvrage primordial, intitulé *La Physique occulte ou Traité de la Baguette divinatoire*, écrit par l'abbé de Vallemont, docteur en théologie. (Au XVIIIe et XIXe siècle, les prêtres seront d'ailleurs de plus en plus nombreux à s'adonner à la radiesthésie !)

Pour expliquer la radiesthésie, l'abbé de Vallemont a recours à la théorie corpusculaire. Celle-ci repose sur l'idée cartésienne de «corpuscules», un concept alors très à la mode.

Mais, dans la théorie de l'abbé de Vallemont, il y a aussi une idée particulièrement intéressante et nouvelle. Selon cet auteur, ce n'est pas la baguette qui fait tourner la baguette, mais plutôt l'opérateur.

Dès la parution de son livre, celui-ci fait l'objet d'une vive polémique. Le père Lebrun soutient même que ces propos ont été inspirés par le démon ! La controverse est telle que l'ouvrage sera mis à l'index en 1701.

Mais un grand pas venait d'être franchi dans l'étude de la radiesthésie. Et de nos jours, plusieurs considèrent l'abbé de Vallemont comme le pionnier des théories modernes sur la radiesthésie.

Bléton, le sourcier sans baguette

En 1781, le débat est relancé, alors que paraît un ouvrage intitulé *Mémoire physique et médicinale*, écrit par le docteur Thouvenel. Le sujet central de ce livre est Bléton, un «hydroscope naturel» qui découvre les sources d'eau sans même se servir d'une baguette.

Ainsi, en 1782, Bléton reconstitue, devant plus de 1000 personnes, le tracé de l'aqueduc d'Arcueil. On rapporte alors que «Bléton a suivi dans la campagne l'aqueduc d'Arcueil avec une précision telle que, si le plan venait à se perdre, on le referait sur les tracés de Bléton...».

Encore une fois, les théologiens et les savants - pour lesquels Bléton est une curiosité - discutent ferme sur ce qui peut être à l'origine de ce don.

L'arrivée du pendule

En 1798, le physicien Gerboin, professeur à la faculté de médecine de Strasbourg, découvre - ou plutôt redécouvre - le pendule.

En effet, le pendule explorateur existait déjà en Extrême-Orient. Or, il se trouve que Gerboin a voyagé aux Indes. Certains prétendent donc, qu'il y aurait pris l'idée du pendule explorateur.

Toujours est-il que, dans un livre paru en 1802, Gerboin raconte que c'est chez un ami qu'il fait sa fantastique découverte. Alors qu'il parle de ses voyages à son ami, il demande au fils de ce dernier de tenir, sans bouger, une sphère de bois creuse suspendue à un fil.

Quelle n'est pas leur surprise de constater qu'un mouvement se produit même si l'avant-bras du jeune garçon reste immobile.

Mais peu importe comment Gerboin a eu l'idée du pendule explorateur. Sa «découverte» se révèlera - en ces temps révolutionnaires - le début d'une révolution qui détrônera un tant soit peu la toute puissante baguette.

Les expériences de Chevreul : au royaume des aveugles, les borgnes sont rois !

En 1812, le chimiste français Chevreul entame une série d'expériences sur la radiesthésie.

Selon lui, des mouvements inconscients des bras créent des oscillations. Et lorsque ces oscillations sont perçues par l'opérateur, celles-ci engendrent une tendance au mouvement qui, à son tour, les intensifie alors.

Chevreul tente de prouver qu'un lien existe entre l'idée, la pensée et le mouvement du pendule. À l'instar de l'abbé de Vallemont (voir plus haut), il en conclut que le mouvement provient de la volonté de l'opérateur, et que le monde extérieur n'y est pour rien.

Jusque là tout va bien. Mais Chevreul fait alors l'expérience suivante. Au-dessus d'une cuve à mercure, il tient un pendule qui oscille. Puis, il se bande les yeux et recommence. Cette fois-ci, le pendule ne réagit plus.

Son manque d'habitude est sans doute à l'origine de cet échec. Mais Chevreul ne cherche pas à comprendre véritablement ce qui s'est produit. Et, en 1853, il publie un livre intitulé *De la baguette divinatoire, du pendule dit explorateur et des tables tournantes* où il se base sur une expérimentation incomplète pour condamner l'usage du pendule.

Le livre de Chevreul causera bien du tort à l'art du sourcier. Certains adversaires de la radiesthésie se nourrissent encore de ses arguments.

Mais n'oubliez pas qu'au royaume des aveugles les borgnes sont rois !

Les observations de chercheurs plus sérieux et les exploits de grands sourciers comme l'abbé Bouly viendront contrebalancer largement les conclusions mal fondées de Chevreul. Rien n'empêchera plus l'extraordinaire essor de la radiesthésie moderne.

L'abbé Bouly, grand sourcier devant l'Éternel et inventeur du mot «radiesthésie»

L'abbé Bouly est l'une des figures les plus marquantes de l'histoire de la radiesthésie. Après la guerre de 14-18, ce grand sourcier localise, grâce à sa baguette, des milliers d'obus enfouis dans le sol qui empêchent l'agriculture (il devine même leur «nationalité» !). Il sera décoré du mérite agricole.

C'est à l'abbé Bouly et à l'abbé Bayard que nous devons le terme de «radiesthésie», qu'ils concoctent en 1930. Ce terme correspond à la synthèse des mots latin «radius» («rayonnement») et grec «aesthêsie» («sensibilité»).

Ce vocable bâtard voudrait donc dire «sensibilité aux radiations». On le préfère maintenant aux termes «sourcellerie» et «rhabdomancie» («rhabo», baguette et «mancie», divination).

Après la guerre de 14-18, l'abbé Bouly fonde la Société des Amis de la Radiesthésie. L'abbé

Bouly, qu'on appellera d'ailleurs le «père de la radiesthésie», contribuera également à faire connaître la radiesthésie au grand public.

En 1913, se tient à Paris le congrès international de psychologie expérimentale, où l'on procède à des expériences avec la baguette. Les résultats sont si probants qu'ils stupéfient et persuadent plusieurs observateurs sceptiques, de la validité de la radiesthésie. Parmi ceux-ci, on compte même quelques sommités scientifiques.

L'une de ces expériences consiste à mettre 5 métaux différents dans 5 enveloppes. Les participants parviendront sans mal à identifier les 5 métaux à l'aide de leur baguette.

Autre expérience réussie : celle qui consiste à refaire le trajet exact des cours d'eau souterrains à Sartrouville.

L'abbé Mermet, le prince des sourciers

Parmi ceux qui participent à cet exploit se trouve l'abbé Mermet. Cet homme, dont le père et le grand-père étaient sourciers, possède un don véritable pour la radiesthésie. Comme pendule, souvent, sa montre lui suffit.

On le connaissait dans toute l'Europe pour son aptitude à retrouver les disparus. Et l'abbé Mermet aurait été le premier à appliquer la radiesthésie au domaine de la médecine.

Il mit également au point une méthode d'examen des aliments.

Par exemple, pour savoir si un aliment est bon pour le foie, on place l'aliment face à cet organe, et le pendule, entre les deux. Celui-ci indique alors si l'aliment est nocif pour l'organe concerné.

L'abbé Mermet se fera aussi connaître par ses expériences remarquables de prospection à distance et par sa découverte de sites archéologiques.

Tout indique que l'abbé Mermet n'était pas qu'un radiesthésiste exceptionnel, mais aussi un grand voyant. On l'a surnommé le «Prince des sourciers» ou le «Prince des magiciens».

Au XXe siècle, la radiesthésie gagne de plus en plus d'adeptes

Un événement décisif dans l'histoire de la radiesthésie a lieu en 1932 à Avignon, c'est le congrès international des radiotelluristes et sourciers, que préside le Dr Jules Régnault, sourcier de vieille souche.

Les participants y expérimentent notamment la recherche de courants souterrains ou de gisements miniers ainsi que la prospection à distance. Ils s'efforcent aussi d'unifier les différentes théories en cours. Le congrès remporte un tel succès qu'il fera l'objet d'un livre.

Dès lors, la radiesthésie devient très populaire, et ceux qui la pratiquent sont de plus en plus pris au sérieux. Des associations de radiesthésistes, des cours et des revues spécialisés peuvent désormais étancher la soif de tous ceux qui s'intéressent à l'art de la baguette et du pendule.

Des scientifiques sérieux, tel le physicien Yves Rocard - lui-même radiesthésiste fort doué -, étudieront de près le phénomène sourcier.

Chapitre 3

QU'EST-CE QUI FAIT BOUGER LA BAGUETTE OU LE PENDULE ?

«*En radiesthésie, les uns trouvent des objets, les autres découvrent des explications. C'est bien plus commode !*»

Abbé Alexis Mermet

Comme beaucoup de gens, vous vous demandez sans doute : «*Qu'est-ce qui fait donc bouger la baguette ou le pendule ?*»

Il fut un temps où tout phénomène un tant soit peu mystérieux était considéré comme l'œuvre du démon. Mais ce n'est pas sans sourire qu'on évoque maintenant une telle explication.

Depuis cette noire époque, des théories en tous genres ont été avancées pour cerner le phénomène. Et, à vrai dire, on ne possède encore aucune explication définitive sur la question. Il existe cependant des <u>hypothèses de travail</u> qui tiennent mieux la route que d'autres et produisent de meilleurs résultats.

Grosso modo, les explications du phénomène radiesthésique se divisent actuellement en deux écoles de pensée. Je vais vous les expliquer assez brièvement. Et bien entendu, je vous dirai ensuite à quelle école j'adhère pour mieux situer mon propos par la suite.

La théorie physique

Les partisans de la théorie physique définissent la radiesthésie comme un phénomène qui s'explique par les lois de la physique.

Selon eux, tout ce qui compose la nature, absolument tout, est vibration. L'univers est vibration. Les corps, c'est-à-dire la terre, l'eau souterraine, les minerais et tous les éléments vivants émettent des vibrations (que l'on appelle soit ondes, soit radiations, soit particules, soit encore champ magnétique ou champ de forces).

Selon l'hypothèse physicienne, celui qui pratique la radiesthésie ne fait que capter ces vibrations. Le rôle de l'opérateur se limite à celui d'un récepteur, un peu à la façon d'un poste de radio.

En d'autres termes, c'est son instrument (baguette ou pendule) - et non lui - qui parvient à détecter les vibrations.

Il est vrai que certains tenants de cette école affirment que c'est grâce à son système neuro-musculaire que l'opérateur capte les ondes émanant de l'objet. Mais dans tous les cas, la théorie physicienne n'accorde aucune place à l'action mentale de l'opérateur, dont la pensée n'interviendrait en rien dans le processus.

Pour les physiciens, c'est donc le magnétisme émis par l'objet recherché qui fait bouger la baguette ou le pendule. Tout repose sur une relation d'ordre ondulatoire entre l'opérateur (ou son instrument) et ce qu'il recherche (qu'il s'agisse d'eau, de métal, de pétrole ou de toute autre matière).

Certaines recherches comme celles du professeur Yves Rocard semblent donner raison à la théorie physique.

Professeur à la Sorbonne et physicien réputé*, ce dernier est un ardent défenseur de la radiesthésie. Dans son livre *Le signal du sourcier* (paru en 1963), il explique le phénomène radiesthésique par des différences d'intensité du champ magnétique terrestre. Celles-ci résulteraient de la présence de failles géologiques ou du frottement des courants d'eau souterrains contre la masse rocheuse.

Et ce sont ces modifications du champ magnétique que pourraient percevoir les sourciers.

Le professeur Rocard est allé encore plus loin en étudiant la physiologie des sourciers et des magnétiseurs.

Grâce à un magnomètre à protons, il a pu observer que le corps d'un magnétiseur renfermait 10.000 fois plus de magnétite (la pierre d'aimant) que celui d'une personne normale. Cette concentration inhabituelle en magnétite se retrouvait surtout dans les talons, les vertèbres lombaires, les coudes, les genoux, la nuque et les arcades... sourcilières.

À noter que des observations faites par d'autres ont montré que les gens doués d'un grand sens de l'orientation avaient une concentration en magnétite supérieure à la moyenne au niveau des arcades sourcilières.

---

* Ajoutons qu'il est aussi le père de Michel Rocard.

La théorie mentaliste

Les «mentalistes» fondent leur explication du phénomène radiesthésique sur des données d'ordre psychique. Leur théorie accorde en effet, une place centrale aux facultés de l'esprit - et en particulier à l'intuition.

L'instinct humain - ou, si vous préférez, le sixième sens - serait le grand responsable de l'action radiesthésique. Selon les mentalistes, c'est grâce à son subconscient que l'opérateur entre en relation avec l'objet recherché.

Son esprit entreprend alors une activité consciente et inconsciente par laquelle il peut détecter l'objet recherché. À l'inverse de la théorie physicienne, la théorie mentaliste place l'opérateur au premier plan du phénomène radiesthésique. C'est son intuition qui fait bouger la baguette ou le pendule.

De nombreuses expériences étayent l'explication mentaliste. On a pu notamment observer qu'en l'absence d'un opérateur, le pendule ne tourne pas. De même, si l'on substitue un dispositif mécanique à un pendule et que l'on place l'objet «recherché» en dessous, rien ne bouge.

Or, si le mouvement pendulaire est impossible sans le facteur humain, force est d'admettre que le facteur humain joue un rôle central dans le phénomène radiesthésique. Peut-on alors minimiser, voire même nier, l'importance de l'opérateur comme le font les «physiciens» ?

L'exemple de la détection à distance

Christopher Bird, chercheur et vice-président de la Société américaine des sourciers, clame bien haut son orientation mentaliste.

Selon lui, un phénomène en particulier prouve que les facultés de l'esprit sont bel et bien la seule explication possible au mouvement du pendule. Ce phénomène, c'est celui de la téléradiesthésie.

Si un bon sourcier arrive, à partir d'un plan, à déceler une source ou un gisement minéral à de très grandes distances, il devient très difficile de croire que cela s'explique par les modifications magnétiques du terrain ! Surtout quand on songe que certains font même de la radiesthésie intercontinentale.

Et quand il n'y a aucun facteur magnétique ou radio-actif impliqué ?

Maintenant, imaginons que par un mécanisme encore inconnu, le radiesthésiste puisse sentir les modifications magnétiques du terrain sans être sur place. Bien.

Comment justifier alors les résultats exceptionnels obtenus par ceux qui recherchent autre chose que de l'eau ou des métaux comme c'est le cas avec les recherches de personnes et d'objets disparus, ou encore les recherches sur le choix de carrière, la santé, les activités boursières, etc. ?

En supposant qu'il y ait une certaine vérité dans les conclusions du professeur Rocard, elles ne peuvent certainement pas expliquer toute la gamme des expériences radiesthésiques.

Néanmoins, il est sans doute excessif de rejeter toute influence de nature magnétique ou radio-active comme le font certains mentalistes. Henry de France père, l'un des plus grands radiesthésistes de notre époque, a donc envisagé une synthèse possible entre la thèse mentaliste et la thèse physique.

Dans *Radiesthésie théorique et pratique*, Henry de France fils explique ainsi le point de vue de son père :

«Mon père considérait que les succès obtenus dans les recherches sur des cartes ne pouvaient s'expliquer que par l'intuition, mais dans les prospections sur le terrain, il supposait qu'une sensation physique, d'origine électro-magnétique ou radio-active, pouvait provoquer directement les mouvements inconscients du sourcier. Il était donc partisan d'attribuer deux causes distinctes aux mouvements inconscients du radiesthésiste : les pensées ou une sensation physique d'origine externe.»

Au-delà des théories

Faut-il s'étonner que la théorie mentaliste soit celle qui rallie le plus grand nombre de partisans ? Et vous aurez deviné que je me range moi-même dans le camp des mentalistes - avec les nuances que je viens d'apporter.

Ma propre expérience de la radiesthésie m'a amené à croire que le plus simple est de considérer que c'est avant tout notre subconscient qui «sait» et «répond» par l'entremise du pendule. Mais chose certaine, le débat théorique qui entoure la radiesthésie ne doit pas vous faire perdre de vue l'essentiel, qui tient en deux mots : «ça fonctionne».

Et c'est ce que constatent tous les jours des milliers de radiesthésistes à travers le monde. Qu'ils y voient un mécanisme purement physique, une communication avec l'invisible ou une manifestation du divin, pour eux, la radiesthésie a fait ses preuves.

Un dernier point. Si l'on s'en tient à l'explication mentaliste, le terme «radiesthésie», qui signifie «sensibilité aux radiations», peut sembler inapproprié. Mais, à ce compte, il y a beaucoup d'autres mots aux origines douteuses qu'il faudrait bannir du vocabulaire courant ou scientifique.

Quoi qu'il en soit, pour l'instant, ce terme fait l'unanimité et je m'en contenterai donc tout au long de cet ouvrage.

Sourcier travaillant avec la baguette en Y
(position de recherche)

Chapitre 4

CHOISISSEZ VOTRE MATÉRIEL

Vos instruments de travail

La baguette et le pendule sont les deux principaux instruments de travail du radiesthésiste. Ils servent à amplifier les subtils réflexes neuro-musculaires que son cerveau achemine vers le bras et la main, en réponse à une question.

Lorsque ces micro-mouvements se prolongent dans une baguette ou un pendule, ils deviennent nettement plus évidents et significatifs. L'instrument joue donc un rôle d'amplificateur physico-mental très utile pour connaître les renseignements recherchés.

Indispensables ? Oui, sauf pour certains radiesthésistes très avancés.

La baguette ou le pendule ?

La baguette fut longtemps le seul instrument de la radiesthésie. Il faut dire que la radiesthésie était avant tout l'affaire des sourciers et qu'elle convient mieux que le pendule aux recherches sur le terrain.

Mais le travail du radiesthésiste ne se limite plus à la recherche de sources souterraines. Les champs d'activités de la radiesthésie se sont diversifiés : recherche d'objets perdus ou de gens disparus, diagnostics médicaux, explorations téléradiesthésiques, prémonitions, etc.

Pour répondre à ses nouveaux besoins, le radiesthésiste s'est doté d'un nouvel instrument de travail : le pendule.

Comme vous pourrez le constater, il y a d'excellentes raisons pouvant justifier votre préférence pour la baguette ou le pendule. Chaque instrument comporte des avantages mais aussi des inconvénients.

Quels sont les avantages de la baguette ?

■ Pour exécuter un travail sur le terrain, la plupart des radiesthésistes utilisent la baguette. Le radiesthésiste peut facilement se déplacer avec sa baguette en main, ce qui n'est pas le cas avec un pendule. Celui-ci exige que son utilisateur soit relativement immobile afin de ne pas induire de faux mouvements.

■ La baguette est plus stable que le pendule et moins influencée par le vent. Le vent risque en effet de modifier les déplacements d'un pendule, surtout si l'instrument est léger.

■ Les mouvements de la baguette qui sont généralement amples et énergiques se prêtent moins aux interprétations confuses que ceux du pendule.

L'apprentissage de la baguette s'avère plus laborieux que celui du pendule. Parmi ses utilisateurs, on retrouve donc moins de radiesthésistes en herbe et plus d'adeptes sérieux. Reste que la baguette présente d'indéniables avantages.

Quels sont les avantages du pendule ?

■ Tenir un pendule ne nécessite qu'une seule main. De l'autre, vous pouvez tenir votre témoin ou pointer une donnée relative à votre recherche ou encore placer votre main en position de réceptivité, avec la paume tournée vers le haut.

■ Pour des recherches sur une carte géographique ou sur un schéma par exemple, l'usage du pendule est plus approprié. Vous obtiendrez plus rapidement une réponse précise à vos questions.

■ Parce que le pendule permet de travailler sur un plan, un document ou sur une carte géographique, il se prête bien à la téléradiesthésie, c'est-à-dire au travail à distance.

■ Grâce à sa légèreté, le pendule vous permet de travailler longtemps sans vous fatiguer.

■ Le pendule se transporte mieux qu'une baguette. Vous pouvez toujours l'avoir à portée de la main. Il se range facilement dans votre poche ou ailleurs.

■ Comme son apprentissage est plus facile que celui de la baguette, le pendule rebute moins les nouveaux venus.

Avant d'arrêter votre choix, vous devrez explorer à fond les différentes possibilités de chaque instrument. Il est capital que vous en fassiez l'expérience. C'est là le meilleur moyen de déterminer lequel vous convient le mieux, compte tenu de l'objet et des circonstances de votre travail.

Ce n'est que dans la mesure où vous aurez développé une bonne maîtrise de vos instruments que vous pourrez faire un choix judicieux.

Mais, n'oubliez pas que la baguette nécessite un apprentissage plus long que le pendule. Ne la mettez donc pas de côté après quelques essais infructueux.

Même si vous choisissez finalement de ne travailler qu'avec le pendule, votre expérience à la baguette vous sera très profitable. La spontanéité, la netteté et la vivacité des mouvements d'une baguette donnent au «penduliste» une idée très précise de ce qu'est la radiesthésie. La manifestation du fluide est souvent plus spectaculaire avec une baguette qu'avec un pendule.

Sachez enfin que les lacunes respectives de la baguette et du pendule peuvent être atténuées. Procurez-vous différents modèles pour chaque type d'instrument.

Comme baguette, optez pour :

- une baguette longue pour le travail sur le terrain ;
- une plus petite pour des travaux précis comme les recherches sur un corps humain, sur un schéma, etc.

Comme pendule, préférez :

- un pendule lourd pour le travail à l'extérieur (il sera plus stable et donc moins affecté par les vents et vos déplacements sur le terrain) ;
- un pendule plus léger pour des travaux à l'intérieur (celui-ci vous permettra de travailler plus longtemps sans vous fatiguer).

Le témoin

Pour une majorité de radiesthésistes débutants, le témoin est indispensable. N'essayez pas de vous passer de cette «béquille». (Dans bien des cas, même les radiesthésistes experts s'en servent

Quelques-uns des pendules les plus couramment utilisés

volontiers pour faciliter leur travail !)

Le témoin est un objet qui vous aide à vous concentrer plus facilement sur ce que vous recherchez.

Dans le monde extrêmement mouvant et instable du mental, il donne une orientation claire à votre pouvoir d'investigation. C'est une sorte de fil d'Ariane psychique qui vous permet de déambuler sans vous égarer dans le labyrinthe de vos perceptions et intuitions subconscientes.

Ce support de la pensée est un peu comme la photo d'une personne aimée que vous avez toujours sur vous dans votre portefeuille.

Lorsque votre regard se pose sur cette photo, vos pensées se dirigent spontanément vers cette personne. Tant que la photo reste sous vos yeux, vous vous sentez un peu en sa présence. Qui plus est, même le simple fait de l'avoir sur vous peut suffire à vous suggérer sa présence.

Pourtant, cette photo n'a en elle-même aucun pouvoir particulier. Pour quelqu'un d'autre, elle ne serait qu'un bout de papier sans importance qui n'évoque à peu près rien.

Le témoin radiesthésique n'a pas plus de pouvoir que la photo en question. Mais, tout comme celle-ci, il permet une meilleure concentration mentale. Grâce à lui, vous pouvez vous représenter avec précision l'objet d'une recherche.

Si votre mémoire subconsciente n'est pas suffisamment développée, l'usage du témoin vous facilitera - et de beaucoup - la tâche. Au début, je vous conseille même de l'utiliser systématiquement.

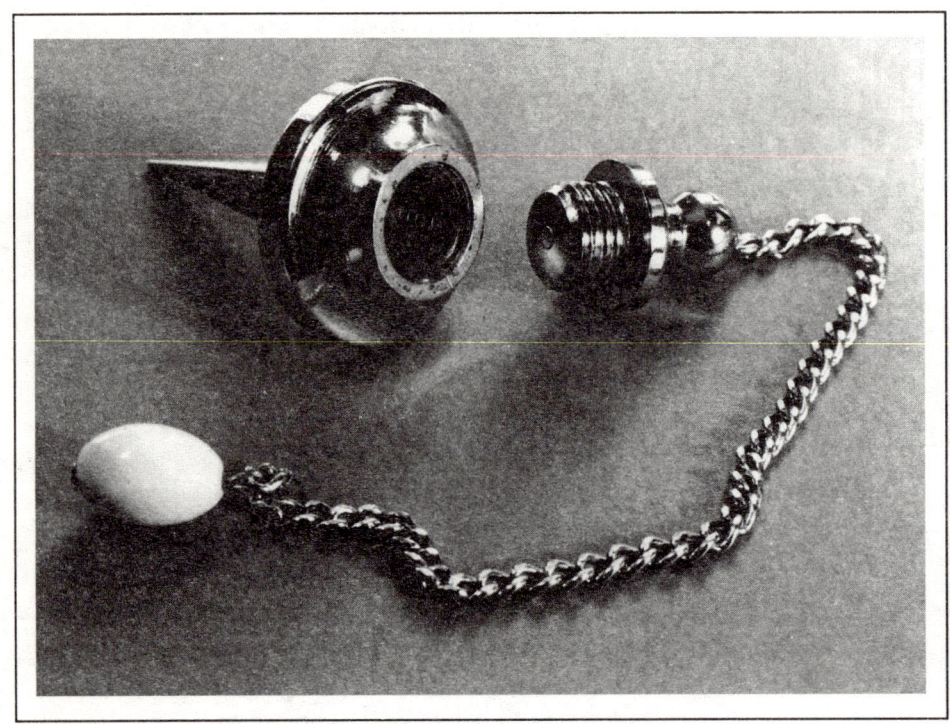

Certains pendules possèdent une cavité
où l'on peut enfermer un témoin : cheveux, morceau de métal, etc.

Pour la majorité des gens, résoudre une opération mathématique sur papier, demande moins d'efforts que de la résoudre mentalement. Pour vérifier l'orthographe d'un mot, il est aussi plus facile de l'écrire.

Il en va de même en radiesthésie. Vous concentrer sur quelque chose que vous voyez ou avec lequel vous êtes en contact est plus facile que d'imaginer cette chose. L'imagination demande une mobilisation de la mémoire, une organisation des différents détails et un effort soutenu pour garder cette image reconstituée à l'esprit.

Par contre, si votre mémoire est bien entraînée, le témoin devient souvent inutile et même encombrant. 80 % de l'énergie globale d'un individu est utilisé par ses yeux. Si vous pouvez fermer les yeux et plonger en vous-même pour entrer en contact avec un «témoin intérieur», vous économiserez de l'énergie.

De plus, lorsque les yeux sont ouverts, les sources de distractions sont plus nombreuses. Le regard s'accroche à toute une kyrielle de détails. Ceux-ci n'ont, le plus souvent, rien à voir avec le but de la recherche.

Finalement, le fait de garder les yeux fermés ou mi-clos entraîne quasi automatiquement l'émission d'ondes alpha. Or, ces ondes cérébrales sont associées à un état situé entre l'éveil et l'endormissement. Cet état privilégié favorise le contact avec le subconscient, ce qui facilite l'acte radiesthésique.

Au fur et à mesure que vous progresserez dans votre travail, essayez donc de remplacer votre «témoin extérieur» par un «témoin intérieur». Développez une mémoire fidèle et une bonne capacité de concentration. Rendez-vous sensible à la présence de l'objet de votre recherche.

Mieux encore : <u>visualisez-le dans ses moindres détails</u> !

Absorbez-vous dans cette image et travaillez à partir de cette réalité mentale. (Pour avoir plus de détails sur l'apprentissage de la visualisation, voyez le chapitre 8)

Cela dit, je crois important de signaler ici que la valeur des témoins est parfois purement suggestive. Je me souviens d'un ami qui était à la recherche d'une source d'eau sulfureuse. Comme témoin, il tenait en main une fiole d'eau sulfureuse.

Du moins, le croyait-il ! En réalité, il s'était trompé de contenant et c'est de l'eau ferrugineuse qui lui servait de témoin. Cette erreur ne l'a pourtant pas empêché de détecter une source d'eau sulfureuse.

Pourquoi ? Le radiesthésiste en question, tout en maintenant une fiole d'eau ferrugineuse comme témoin, pensait fortement à une eau sulfureuse. L'influence de sa pensée fut déterminante.

Témoin concret et témoin symbolique

En radiesthésie, nous faisons aussi la différence entre le témoin concret et le témoin symbolique.

1. Le témoin concret est un échantillon de la matière recherchée. Ainsi :

■ pour trouver une source, ayez sur vous (ou en main) une petite fiole d'eau (contenant un type d'eau spécifique, si nécessaire) ;

■ pour découvrir un type de terre particulier, tenez en main un échantillon de cette terre ;

■ pour localiser une personne disparue, utilisez une mèche de cheveux ou une rognure d'ongle lui ayant appartenu.

2. Le témoin symbolique diffère quelque peu du témoin concret.

Il est une représentation de la personne ou de l'objet recherché ou encore, un objet imprégné d'une ou plusieurs caractéristiques de cette personne ou de cet objet.

■ Désirez-vous retrouver un être cher ? Sa photo constitue alors un excellent témoin symbolique.

Vous pouvez également écrire sur une feuille de papier le nom de cette personne, sa date de naissance et son lieu d'habitation. Ou encore, rédigez un portrait physique ou moral de cette personne.

Un objet imprégné des vibrations de la personne recherchée peut aussi vous servir de témoin. Un vêtement ayant appartenu à cette personne, un bijou, un stylo ou même le fait de travailler sur son lieu d'habitation constituent d'excellents témoins.

■ Avez-vous perdu un objet précieux ? Pour le retrouver, vous pourriez utiliser le coffret dans lequel vous aviez l'habitude de le ranger. La facture d'achat du bijou ferait aussi un bon témoin. Vous pourriez encore écrire sur un bout de papier quelques détails descriptifs de l'objet en question.

Lorsque vous employez - ou fabriquez - un témoin symbolique, il importe de bien vous concentrer sur votre travail. Votre subconscient se fera ainsi une représentation plus claire de la personne ou de l'objet recherché et votre investigation sera d'autant plus fructueuse.

Comment bien acheter votre instrument radiesthésique : 6 précautions importantes

Peut-être choisirez-vous la solution la plus facile qui est d'acheter votre instrument radiesthésique. Dans ce cas, lisez d'abord les quelques conseils qui suivent avant de vous diriger vers la boutique ésotérique la plus proche ou de commander par la poste un pendule «miraculeux» que vous avez vu décrit dans une revue.

1. Attention à votre budget !

Il existe sur le marché une grande variété de pendules et de baguettes. Leurs prix peuvent différer considérablement. Mais sachez qu'il est tout à fait inutile de vous procurer des instruments de travail coûteux.

Tout comme la qualité du stylo (ou de l'ordinateur) ne fait pas la grandeur d'un écrivain, la qualité de votre pendule ou de votre baguette ne peut vous apporter le fruit d'un travail assidu.

Un instrument que vous aurez fabriqué vous-même, avec des objets que vous avez à portée de la main, est tout aussi valable qu'un autre acheté à prix d'or. Ne vous encombrez surtout pas d'instruments compliqués. Vous ne serez pas meilleur radiesthésiste pour autant.

Souvenez-vous que l'abbé Mermet, le «Prince des sourciers», faisait de l'excellent travail en utilisant simplement sa montre.

2. Méfiez-vous des gadgets et des élucubrations des radiesthésistes !

Au fil des ans, on a vu apparaître dans le monde de la radiesthésie toute une multitude d'instruments.

Ces instruments soi-disant révolutionnaires étaient tous plus sophistiqués les uns que les autres. Aux instruments de base que sont la baguette et le pendule, se sont ajoutés des boussoles, des aiguilles aimantées, des rosettes de fil métallique, des aimants et divers autres gadgets.

Ces ajouts qui sont sensés améliorer l'efficacité de l'instrument de base sont généralement relégués aux oubliettes lorsque disparaît leur inventeur.

3. Tous les matériaux se valent

Par ailleurs, il est également inutile de vous attarder sur le matériau dont est fait le pendule. Pour la plupart des gens, un pendule en verre ou en laiton fera autant l'affaire qu'un pendule en cristal pur ou en cuivre.

Évidemment, si vous avez une sensibilité extrême aux cristaux, aux pierres précieuses ou à certains métaux, tenez-en compte. Il se pourrait que ces matériaux stimulent votre intuition. Et tous les moyens - même imaginaires et farfelus - qui favorisent la transe radiesthésique sont tout à fait valables.

4. Choisissez un instrument bien équilibré

S'il est inutile d'acheter un instrument coûteux ou spécial, assurez-vous cependant que le pendule a une forme bien équilibrée. C'est là un point capital.

Vérifiez également si la chaîne qui est reliée au pendule est parfaitement centrée.

En effet, tout ce qui peut fausser la giration de votre pendule compliquera votre démarche. N'oubliez pas cet aspect si vous utilisez des pendules en cristal, aux formes souvent irrégulières.

5. Plutôt que d'acheter un seul pendule très coûteux, achetez-en plusieurs, de taille, de forme et de poids différents

Expérimentez et voyez quel pendule vous donne les meilleurs résultats.

Mais, il y a une autre bonne raison pour diversifier vos modèles de pendule : vous devez avoir un choix d'instruments afin de pouvoir travailler dans différentes circonstances.

Par exemple, à l'extérieur, un pendule lourd est quasi indispensable alors qu'il n'est pas forcément indiqué pour une recherche sur carte.

Dans ce dernier cas, les pendules dont la partie inférieure forme une pointe offrent l'avantage de pouvoir indiquer des points précis sur un plan.

6. Enfin, examinez si la longueur de la chaîne vous convient

Est-elle trop courte, trop longue ? Aimez-vous qu'elle soit bien enroulée autour des doigts ? C'est là un point important à ne surtout pas négliger.

Comment fabriquer votre pendule

Comme je l'ai laissé entendre plus haut, vous pouvez fabriquer vous-même votre pendule.

Pour fabriquer votre pendule, vous avez besoin d'un bout de ficelle d'une longueur approximative de 15 à 20 centimètres et d'un petit objet de forme cylindrique et régulière que vous attachez au bout de la ficelle.

Un cristal de plomb percé d'un trou à une extrémité, par exemple, pourrait fort bien convenir.

<u>Fixez le fil au centre de l'objet</u>. Vous obtiendrez ainsi des mouvements pendulaires plus précis et plus réguliers. A l'autre extrémité de la ficelle, vous pouvez attacher un petit bouton ou une perle. Cela vous permettra de tenir votre pendule sans être obligé d'exercer une pression constante sur la ficelle.

Si vous ne possédez qu'un seul pendule, veillez à ce qu'il ne soit ni trop lourd ni trop léger.

S'il est trop lourd, vous ne pourrez l'utiliser très longtemps sans fatiguer la main qui le tient.

Par contre, il ne doit pas être emporté par le moindre courant d'air. S'il est trop léger, votre pendule sera trop facilement mis en mouvement et pourra ainsi vous induire en erreur.

Vous devez donc choisir un objet de poids moyen, c'est-à-dire d'environ 35 grammes.

D'autre part, si vous avez un petit côté bricoleur, pourquoi ne pas fignoler votre propre pendule-maison. Vous pouvez, par exemple, enfiler des perles dans la double ficelle qui tient le pendule ou encore remplacer la ficelle par une chaînette en laiton. Vous pouvez également vous façonner un pendule en terre cuite ou le tailler dans un morceau de bois.

Lorsque vous avez achevé votre pendule, gardez-le sur vous. Vous l'imprégnerez de vos vibrations et il n'en fonctionnera que mieux.

Comment fabriquer votre baguette

Vous pouvez trouver sur le marché des baguettes fabriquées avec des fanons de baleine, un métal léger ou une matière plastique. Mais dans le fond, pourquoi acheter ce qu'il est si facile de fabriquer soi-même.

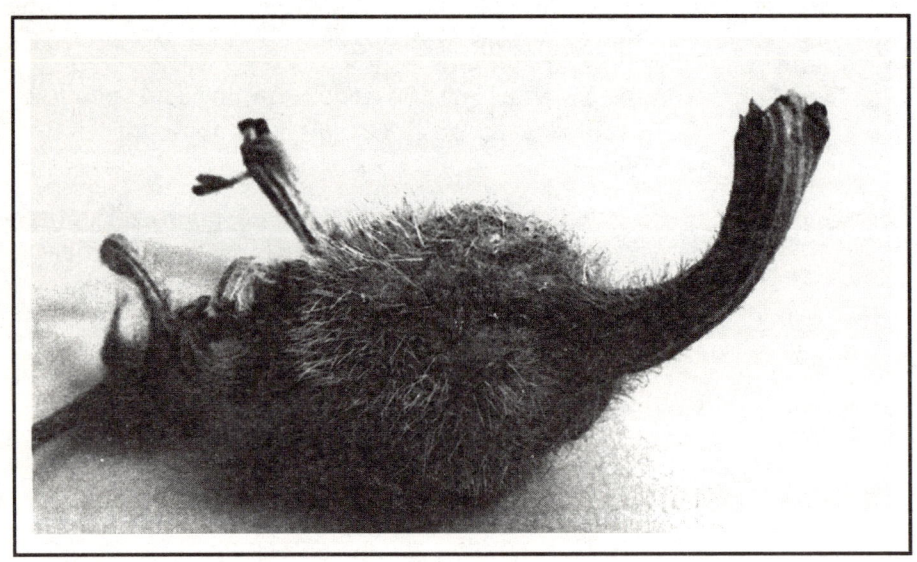

La noix caractéristique du coudrier, arbre traditionnellement employé pour confectionner la baguette de sourcier

Pour vous faire une baguette de sourcier, il suffit de deux tiges d'environ 30 cm faites dans une matière flexible mais résistante.

Avec une ficelle ou un fil métallique vous reliez les deux tiges à l'une des deux extrémités. Ainsi, lorsque vous écarterez les tiges de votre baguette, vous devriez obtenir un «Y» renversé. Évitez les instruments trop volumineux, ils sont lourds et ils fatiguent beaucoup les mains.

Autrefois, les baguettes étaient surtout fabriquées à l'aide de bois de noisetier et de coudrier. La grande souplesse et la résistance de ces bois en faisaient de bonnes baguettes. Comme ces arbustes poussaient partout, on pouvait facilement se fabriquer une baguette.

De nos jours, les baguettes en fanon de baleine sont les plus populaires. Elles sont légères et souples sans toutefois perdre, avec l'usage, leur forme originelle. Les baguettes en métal sont également assez répandues mais elles sont plus lourdes. Si vous optez pour une telle baguette, fabriquez-la plus petite pour éviter de vous fatiguer.

Cette forme de baguette en «Y» renversé est assurément la plus répandue. Il existe, par ailleurs, d'autres types de baguettes tels que la baguette en équerre et la baguette droite.

■ La baguette en équerre ou baguette en L peut être fabriquée avec un cintre en métal. Coupez le cintre là où s'entortillent les deux bouts du fil métallique. Coupez également, au centre, la partie inférieure du cintre. Vous obtenez ainsi deux bouts de métal repliés. Ouvrez l'angle de chaque partie pour obtenir une ouverture à 90 degrés.

Cet outil peut être amélioré par l'ajout de deux petits tubes de métal, de caoutchouc ou de plastique. Introduisez dans ces tubes la partie de la baguette que vous tiendrez en main, lors de vos recherches. Le tube d'un stylo bille ou encore un bout de tuyau conviennent très bien. La baguette en équerre, qui est très sensible, convient à merveille aux débutants.

Sourcier travaillant avec la baguette en L

■ La baguette droite est, comme son nom l'indique, une baguette... droite. Elle est appelée aussi baguette rectiligne ou balancier.

Cette baguette droite d'environ 1 mètre se fabrique à partir d'une branche ou d'une canne à pêche.

Il est important que cette baguette aille en s'amincissant. Elle se tient par le bout le plus mince.

NB : Pour avoir des détails sur l'utilisation de ces 2 autres baguettes, voyez le chapitre 11.

Instruments de vérification

Quelques instruments d'évaluation, élaborés à partir de principes physiques et mécaniques, peuvent fournir des informations sur certaines matières souterraines (minerais, pétrole, points d'eau).

Ces instruments n'ont rien à voir avec l'art de la radiesthésie. Mais il arrive que certains radiesthésistes y aient recours pour vérifier l'exactitude d'une réponse obtenue par le pendule ou la baguette.

Règle générale, ces appareils coûtent très cher et leur installation demande beaucoup de temps. Quant à leur utilisation, elle se limite le plus souvent à un type de recherche très précise et elle requiert de nombreuses heures de formation.

Parmi ces instruments, voici ceux qui sont le plus souvent employés.

■ L'électromètre et l'appareil de Schlumberger : Ces instruments peuvent indiquer des différences de potentiel électrique engendrées par une concentration minière, un courant d'eau souterrain, une nappe pétrolifère, etc. L'électromètre rend compte des perturbations électriques se situant au-dessus du sol. L'appareil de Schlumberger mesure la conductivité électrique dans le sol.

■ Le magnétomètre de Fortin : Cet appareil fut utilisé pour mesurer le champ magnétique terrestre en interaction avec l'atmosphère. Cet appareil en a inspiré d'autres tels que ceux de Schimid, Hay et Mager.

Ces appareils furent surtout employés dans la recherche de courants d'eau souterrains.

■ L'appareil de Wust et Wendler : Cet appareil est muni d'un aimant et d'une boussole qui indiquent certaines modifications du champ magnétique au-dessus de nappes d'eau ou de courants souterrains.

■ Le pendule Holweck-Lejay : Ce pendule très complexe a été conçu pour enregistrer les variations de la gravité terrestre. Sa grande sensibilité lui permet de capter des modifications magnétiques ou électriques de très faible intensité.

■ La balance d'Eötvös : Cette balance sert aussi à évaluer les variations de la pesanteur. Mais elle est également utilisée pour une grande variété de recherches. Elle est également d'une précision surprenante.

Le pendule ou la baguette... ne fait pas le radiesthésiste

Dans le fond, les radiesthésistes ressemblent aux artistes. Il est bien connu que ceux-ci ont leurs manies et leurs petits rituels pour déclencher l'inspiration. Ils écriront avec un certain type de stylo, s'installeront toujours à la même table de café ou, comme Wagner, renifleront des parfums de luxe et s'habilleront de soie.

En ce sens, le simple fait d'avoir un pendule ayant appartenu à un radiesthésiste célèbre pourrait vous aider à visualiser l'excellent radiesthésiste qui est en vous. Certes, tout cela n'est qu'imagination. Mais l'imagination au même titre que la foi peut soulever des montagnes.

Cependant, faut-il le rappeler, la compétence du radiesthésiste réside d'abord et avant tout dans l'exploitation de ses facultés. Les instruments ne jouent qu'un rôle secondaire dans le dénouement heureux d'une investigation radiesthésique.

L'important c'est la pratique. Et c'est ce dont je vais maintenant vous entretenir.

PARTIE 2

ET MAINTENANT, AU TRAVAIL !

Chapitre 5

TOUT LE MONDE PEUT DEVENIR RADIESTHÉSISTE

Votre sixième sens est-il bien développé ?

L'art de la radiesthésie n'est pas un don, et il n'exige aucun acquis particulier : tout le monde peut devenir un bon radiesthésiste.

Il est vrai que les personnes ayant un sixième sens très développé, au départ, ont une plus grande facilité à manier le pendule. Vous voulez savoir si vous en faites partie ? Voici un premier exercice qui vous permettra de déterminer quel lien le pendule a déjà établi avec votre sixième sens.

1. Positionnez votre pendule au-dessus du diagramme ci-contre. Ne bougez surtout pas le bras.

2. Respirez lentement et attendez au moins quelques minutes.

Votre pendule finit-il par tourner dans un sens ou dans un autre ? Bravo ! La glace est brisée entre vous et le pendule.

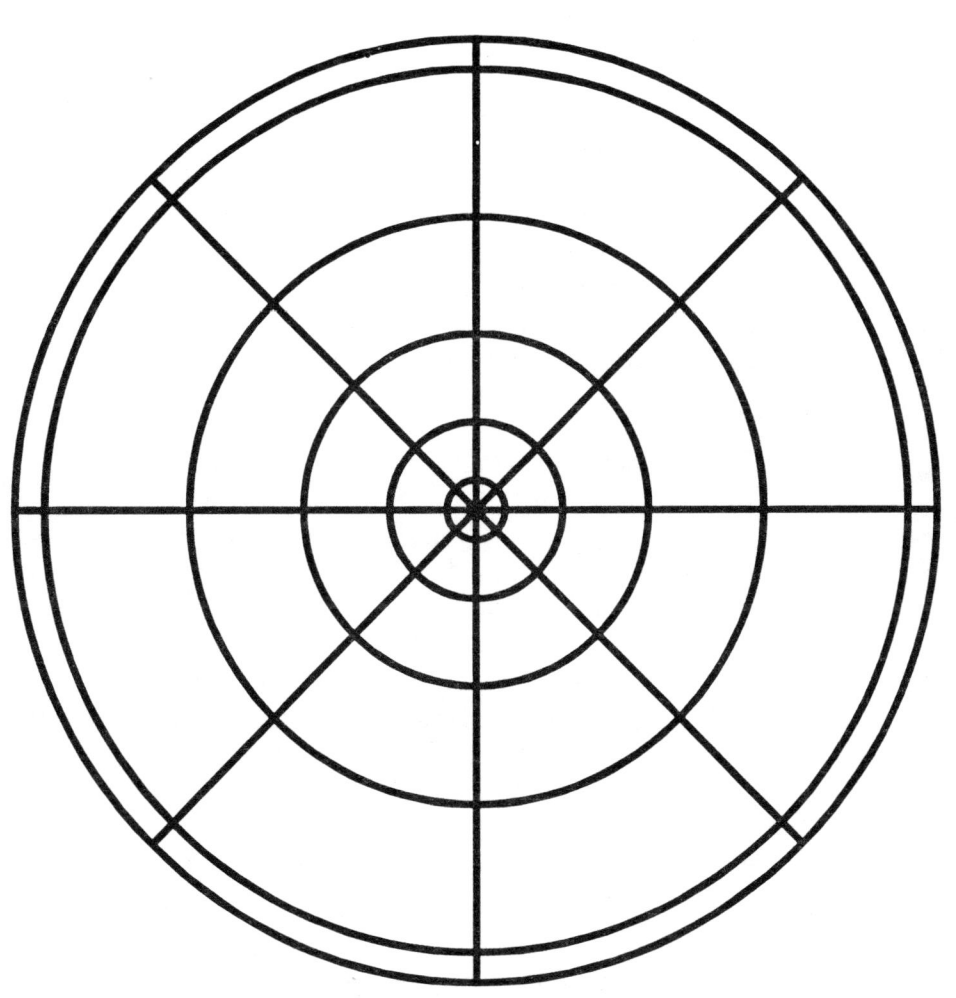

Voici maintenant un autre exercice.

1. «Décompressez» un peu en respirant profondément.

2. Tenez le pendule au-dessus de votre avant-bras droit.

3. Demandez-lui quelle est la direction du sang dans les veines.

Si le pendule, très rapidement, oscille en ligne droite entre le coude et la main, c'est que vos facultés sensorielles sont déjà assez développées. Une fois encore, bravo !

Si rien ne s'est produit, rassurez-vous : vous pouvez développer votre système sensoriel et plus particulièrement votre sixième sens. Comment ? Le secret est fort simple et se résume dans ce vers de La Fontaine : «Travaillez, prenez de la peine, c'est le fond qui manque le moins».

En d'autres termes : pratiquez, pratiquez, pratiquez ! C'est la seule façon de développer vos capacités, que celles-ci soient au départ, très bonnes ou moins bonnes.

Comme toute discipline, la radiesthésie est avant tout une question d'entraînement. Cet entraînement demande beaucoup de patience et de persévérance, mais le jeu en vaut certainement la chandelle !

Peu à peu, vous aiguiserez votre sixième sens et les résultats viendront tout naturellement.

Comment devenir un bon radiesthésiste

C'est donc l'entraînement qui fait toute la différence. Tout comme un bon tennisman pratique les mêmes coups plusieurs heures par jour, tout comme un pianiste fait ses gammes plusieurs heures par jour, un bon radiesthésiste pratique son art de façon régulière. (Pour être certain d'observer cette constance, peut-être choisirez-vous d'établir à l'avance, un horaire des moments que vous désirez consacrer à la pratique du pendule.)

On peut observer que les personnes habituées à une discipline de vie ont plus de facilité avec le pendule. En effet, ces personnes font généralement preuve d'un grand sens de l'organisation.

Celles qui méditent, font également de très bons radiesthésistes. La méditation aide en effet, à développer l'attention dans tout ce qu'on entreprend. La faculté de concentration s'en trouve aussi augmentée. Autant de qualités essentielles pour devenir un bon radiesthésiste.

Mais, revenons à la question de la discipline. Sans elle, vous ne ferez jamais un bon radiesthésiste. Une anecdote me vient à l'esprit à chaque fois que j'aborde cette question.

Il y a quelques années, je rencontrai Catherine et Brigitte chez des amis. Après avoir entendu une interview sur la radiesthésie à la télévision, ces deux amies avaient décidé de s'y adonner pendant leurs temps libres. Elles débordaient d'enthousiasme pour leur nouvelle passion.

Connaissant mon experience dans le domaine, l'une et l'autre me tenaient au courant de leurs dernières découvertes dans ce nouveau monde.

Catherine prenait très au sérieux sa nouvelle passion. Et même si elle était très occupée, elle parvenait à se trouver deux à trois heures par semaine pour faire ses exercices, et une ou deux pour lire sur le sujet.

Elle progressait à grands pas et au bout de quelques mois, ses connaissances pratiques et théoriques sur la radiesthésie avaient de quoi rendre jaloux bien des adeptes ayant quelques années de pratique à leur actif. Déjà, la radiesthésie lui rendait de fiers services à plusieurs niveaux.

De son côté, Brigitte avait une toute autre façon d'aborder son apprentissage. Pour une raison ou pour une autre, elle ne parvenait que rarement à prendre le temps de faire une séance de radiesthésie. Un événement inattendu modifiait toujours ses plans de la journée.

Évidemment, les résultats n'étaient guère encourageants. Et, peu à peu, sans bien s'en rendre compte, elle laissa tomber ses rêves concernant la radiesthésie.

Comme en bien des domaines, deux chemins s'offrent à vous. L'un consiste à prendre la chose au sérieux, et c'est la seule manière d'obtenir des résultats. L'autre exclut le travail et la persévérance. C'est la voie des velléités et des espoirs déçus.

Ne brûlez pas les étapes

L'étude de la radiesthésie implique des étapes incontournables.

Si vous les suivez l'une après l'autre sans hâte excessive, vous pourrez développer un grand pouvoir radiesthésique, quel que soit le domaine où vous souhaitez les utiliser.

Beaucoup de gens se précipitent sur un pendule en escomptant tout de suite des résultats. Certains plus intuitifs ou mieux «branchés» sur leur subconscient obtiendront vite des expériences manifestes et concluantes.

Mais pour la plupart, cette précipitation risque de donner des résultats peu encourageants voire complètement nuls. Le mieux est de préparer soigneusement votre terrain psychique comme vous le feriez pour un nouveau jardin.

Peut-être avez-vous entendu parler des célèbres jardins de Findhorn en Écosse. À l'origine, il s'agissait d'une lande infertile. Mais, à force de persévérance et de perspicacité, les fondateurs parvinrent à y faire pousser des légumes d'une taille phénoménale. Depuis lors, cet endroit est devenu une sorte d'université internationale de l'agriculture biologique.

Il peut en être de même de votre terrain psychique. Aussi défavorables que soient les conditions du sol au départ, vous pouvez le travailler de telle sorte qu'il finisse par produire les magnifiques fleurs de l'intuition radiesthésique.

Vous allez d'abord remuer le sol pour enlever les roches et les mauvaises herbes que représentent vos doutes et toutes vos pensées parasites. Il faudra ensuite y répandre l'engrais de la confiance en votre potentiel radiesthésique.

Il ne vous restera plus alors qu'à semer l'intention ferme de développer vos facultés radiesthésiques.

Par la pratique quotidienne, vous allez vous assurer que votre terrain psychique laisse croître et fleurir vos facultés radiesthésiques. Sarclez quotidiennement les pensées des doutes.

Ajoutez s'il le faut, des fertilisants psychiques en répétant des affirmations positives durant vos séances d'auto-hypnose (nous en reparlerons d'ailleurs plus loin).

Pour le reste, laissez votre subconscient travailler pour vous. Comme le disait un sage indien, il ne sert à rien de déterrer la graine tous les jours pour vérifier si elle pousse.

Les 5 grands secteurs de préparation à l'entraînement radiesthésique

Je vous propose donc une méthode de préparation simple et complète qui vous permettra de préparer votre «terrain psychique» et fera de vous un radiesthésiste accompli. Cette méthode comprend 5 grands secteurs de pratique :

1. exercices pour développer la mémoire subconsciente ;

2. exercices pour développer votre pouvoir de concentration ;

3. exercices pour développer votre capacité de visualiser ;

4. apprentissage de l'auto-hypnose et de la relaxation ;

5. exercices pour développer votre sixième sens en général.

Certains exercices concernant la mémoire subconsciente et la concentration pourront, à première vue, vous sembler inutiles, voire même peu pertinents. Mais attention ! Ils ont une grande importance et il importe de ne pas les négliger. La radiesthésie, c'est beaucoup plus qu'une baguette et un pendule. C'est d'abord et avant tout un esprit discipliné, clair et précis, doublé d'une bonne mémoire subconsciente.

Certains des exercices proposés vous sembleront peut-être aussi répétitifs. Mais c'est tout à fait voulu. Il n'y a rien comme la répétition pour programmer votre subconscient.

Avec la pratique répétée de ces exercices, votre subconscient captera de mieux en mieux les messages que vous lui enverrez et il apprendra à vous communiquer des réponses rapides et précises.

Et maintenant au travail !

«Dès que les gens ont appris à obtenir une réaction radiesthésique, puis à mettre au point leur propre code d'interprétation, la plupart des erreurs radiesthésiques naissent du fait qu'ils n'ont pas une image mentale assez claire de ce qu'ils recherchent et qu'ils ne posent pas de questions suffisamment précises*.»

Arthur Bailey, ancien président de la Société britannique des sourciers (British Society of Dowsers)

---

* Cité dans l'ouvrage de Francis Hitching, Pendulum : The Psi Connection, P. 81.

Chapitre 6

APPRENEZ À RENTRER EN CONTACT AVEC VOTRE MÉMOIRE SUBCONSCIENTE

On compare parfois le radiesthésiste à un sujet sous hypnose. Une personne sous hypnose entre en relation directe avec son subconscient. Elle peut, par exemple, réciter mot pour mot une page quelconque d'un livre lu distraitement dix ans plus tôt. Ou encore, elle peut décrire dans ses moindres détails une scène de sa prime enfance. Mais, dès que cette personne quitte son état d'hypnose grâce à l'intervention de son hypnotiseur, elle oublie tout ce qui s'est passé pendant la séance.

Le radiesthésiste, tout comme la personne sous hypnose, peut communiquer avec son subconscient. En revanche, le contact qu'il établit avec son subconscient se fait sans l'intervention d'autrui.

De plus, il ne quitte pas l'état de conscience normal pour plonger dans l'inconscience totale. Il maintient simultanément le contact avec l'un et l'autre états. Il y a donc chez lui une interaction volontaire entre son conscient et son subconscient.

Votre mémoire subconsciente, une alliée

La mémoire subconsciente constitue une formidable banque de données pour le radiesthésiste. D'une part, c'est là que sont emmagasinées et codifiées toutes les informations enregistrées depuis votre naissance. D'autre part, votre subconscient englobe également une mémoire cellulaire qui remonte dans la nuit des temps.

En effet, chacune de vos cellules conserve l'empreinte de toute l'évolution de l'espèce. Cette mémoire cellulaire garde bien vivante au cœur de nous-mêmes notre instinct animal. Il suffit de se retrouver dans une situation limite pour voir surgir de son sein des réflexes dont on ne se serait jamais cru capable.

Qui n'a jamais entendu parlé de l'instinct maternel qui pousse certaines mères à accomplir des exploits pour sauver leur enfant d'une situation dangereuse ? Telle cette mère qui avait réussi à soulever d'un seul coup une voiture pour dégager son bébé.

Il est certain que nos sociétés hyper-intellectualisées nous coupent de ce potentiel que représente notre instinct. A trop vouloir devenir des individus raisonnables, nous perdons contact avec notre potentiel instinctif. À tel point que l'on finit parfois par oublier son existence et par ne plus y croire.

Et pourtant, fait étonnant, seul 1 % du matériel de notre ADN est véritablement humain. Le reste, soit 99 % de ce bagage génétique, nous relie à nos origines animales. Cette dernière découverte scientifique ne fait que confirmer les paroles de Darwin.

C'est donc dire que, pour la personne qui possède la clé de son subconscient, tous les espoirs sont permis. Elle a accès à un immense château, avec mille portes derrière lesquelles se sont accumulées des connaissances inestimables.

Forgez la clé de votre subconscient

Pour recréer le contact avec votre subconscient, vous aurez sans doute besoin d'un peu d'entraînement. Mettez-vous au travail sans plus tarder !

Comme le dit le vieil adage : «*C'est en forgeant que l'on devient forgeron*». Et ce qu'il s'agit de forger ici, c'est la clé de votre subconscient. Votre travail sera peut-être laborieux au début. Vous aurez certainement besoin de fournir des efforts pour arriver à fixer votre attention. Ces efforts répétés finiront toutefois par développer chez vous un réflexe conditionné. Tôt ou tard, vous pourrez établir un contact clair avec votre subconscient et d'une façon presque automatique. Les gestes qui au début, demandent beaucoup d'attention, s'accomplissent ensuite, de plus en plus facilement.

Comment tirer profit de votre mémoire subconsciente

Pour le radiesthésiste, cette mémoire subconsciente devra encore s'enrichir d'une grande variété de renseignements dans les domaines où le conduisent ses recherches. Ainsi, si vous désirez pratiquer de la radiesthésie médicale, vous devrez d'abord vous familiariser avec l'anatomie du corps humain, le fonctionnement de ses différents organes, etc.

Attention, cependant ! Il ne s'agit pas d'apprendre une leçon sur le bout des doigts comme le ferait un étudiant qui prépare un examen de médecine. Non, il suffit de lire beaucoup de choses sur le sujet qui vous intéresse, mais à tête reposée, sans efforts volontaires de mémorisation. Autrement, vous risqueriez d'encombrer votre mémoire consciente.

Tous les renseignements relatifs à l'objet d'une recherche peuvent vous être utiles. L'ensemble de ces renseignements contibue à la formation d'une image mentale claire et précise de l'objet dont il s'agit. La clarté et la précision permettent à votre subconscient de vous transmettre, par le biais de la radiesthésie, des informations supplémentaires sur l'objet extérieur en résonnance avec votre représentation mentale.

Si vous devez par exemple, rechercher du cuivre, vous devrez d'abord vous imprégnez des différentes caractéristiques de ce matériau. Vous devrez vous représenter sa couleur, sa densité, sa texture et ainsi de suite. Cette visualisation, accompagnée d'un désir ardent de trouver le métal mentionné, stimulera vos ressources subconscientes. Pour ce faire, votre inconscient qui a reçu une question claire, vous fournira la réponse à cette question.

Exercices pour développer la mémoire subconsciente

L'une des bases essentielles de la radiesthésie est donc l'art de mettre à profit la mémoire subconsciente. Voici deux exercices pour vous aider à l'activer.

Le dessin

Procurez-vous une feuille à dessin et un crayon à papier. Placez un objet quelconque devant votre regard. Pendant une minute, observez attentivement l'objet en question. N'essayez pas de mémoriser les détails. Ne fournissez aucun effort spécial si ce n'est celui de vous absorber pleinement dans votre observation. Comme un chat qui observe une souris.

Cachez maintenant l'objet que vous avez regardé et essayez de le dessiner en incluant le plus de détails possibles.

Pour augmenter votre capacité de mémorisation, abrégez progressivement le temps d'observation ou encore choisissez des objets plus complexes. Essayez de vous faire une idée précise de l'objet choisi dans un minimum de temps. Vous y arriverez au fur et à mesure que votre capacité d'attention et de présence se développera.

Avez-vous déjà remarqué combien certaines scènes de notre enfance ou certains rêves nous reviennent facilement ?

Ces scènes réelles ou imaginaires semblent s'être imprimées dans notre mémoire avec un maximum d'acuité. Il en est ainsi lorsque nous sommes pleinement captivés par un événement. Toutes nos portes de perception s'ouvrent et l'événement qui fait l'objet de notre attention s'imprime clairement dans notre mémoire.

Un bon radiesthésiste doit acquérir une telle capacité de perception. Il doit se représenter vite et bien l'objet d'une recherche ou toutes les données relatives à sa recherche.

Rêves et souvenirs

Le matin, lorsque vous vous réveillez, essayez de mémoriser vos rêves. Notez-les dans un carnet ou encore racontez-les à un ami. Tentez d'en faire une description précise et vivante. Rappelez-vous le contexte, les formes, les couleurs, l'atmosphère, l'enchaînement des événements, les personnages, etc.

Cet exercice, en plus de développer votre mémoire subconsciente, vous permet de vous familiariser avec le fonctionnement de votre subconscient.

Vous pouvez également faire cet exercice à partir de faits vécus. Racontez une visite chez un ami, un souvenir d'enfance, un spectacle auquel vous avez assisté. Faites la description détaillée d'un tableau que vous avez vu, d'une scène que vous avez observée, etc. N'hésitez pas à entrer dans les détails. L'exercice n'en sera que plus valable.

Chapitre 7

APPRENEZ À MAÎTRISER VOTRE MENTAL

Un bon radiesthésiste fait toujours preuve d'une maîtrise mentale hors du commun. Ses pouvoirs d'attention et de concentration sont exceptionnellement aiguisés. De plus, il est capable d'atteindre un état de totale neutralité mentale qui lui permet de faire abstraction de toute idée préconçue sur ce qu'il recherche.

Dans ce chapitre, vous apprendrez donc un certain nombre de trucs ou de méthodes pour faire en sorte que votre mental conscient n'interfère pas avec le processus radiesthésique. Cet entraînement préalable vous profitera également en dehors de la radiesthésie : pour être plus efficace dans votre travail, vous détendre, trouver plus vite des réponses, etc.

L'attention, c'est capital

Pour effectuer une recherche, vous devez vous concentrer sur une seule chose : l'objet de votre recherche. Vous ne devez vous laisser distraire par rien d'autre.

La clarté et la précision de votre pensée sont déterminantes. Votre inconscient ne peut vous fournir une réponse précise si la question elle-même ne l'est pas.

Vous devez donc apprendre à fixer votre attention. C'est une des étapes essentielles pour l'apprenti radiesthésiste.

Qu'est-ce que l'attention ?

L'attention est d'abord une manifestation spontanée. Pour vous en convaincre, regardez de jeunes enfants. Voyez avec quelle application, ils observent tout ce qui les entoure.

Leur désir de connaître et leur grande réceptivité en font des champions de l'apprentissage, en comparaison d'un adulte. Ainsi, entre 2 et 4 ans, un enfant apprend en moyenne un mot toutes les 2 heures durant la période d'éveil !

Par ailleurs, l'attention peut également être volontaire. Dès lors, elle implique un effort soutenu. Cet effort permet, bien sûr, d'approfondir votre compréhension d'un texte, d'un problème mathématique, etc., mais il comporte aussi certains risques. L'attention volontaire crée un état de stress cérébral. Vous devez donc interrompre périodiquement votre effort d'attention et laisser votre cerveau se reposer. Sans quoi, vous risquez de l'épuiser. L'effet recherché est alors inversé. L'esprit se trouble, la mémoire s'affaiblit, la pensée devient désordonnée et inopérante.

Comment développer votre pouvoir d'attention et de concentration

Les quelques recommandations qui suivent vous aideront à développer au maximum votre pouvoir d'attention et de concentration.

Adoptez l'attitude d'un enfant qui découvre le monde

Regardez le monde avec le même intérêt qu'un enfant. Lorsque vous êtes vivement intéressé par quelque chose ou quelqu'un, vous êtes dans les conditions les plus favorables pour enregistrer des souvenirs précis et durables.

Observez les couleurs et les formes du paysage comme si vous aperceviez ces détails pour la première fois. Ecoutez les sons avec une oreille neuve. Découvrez des textures.

Soyez minutieusement attentif aux actes les plus simples

Lorsque vous marchez, concentrez-vous sur la sensation de vos pieds en contact avec le sol. Lorsque vous mangez, goûtez vos aliments. Apprenez à vous absorber dans de multiples petits détails. C'est là le meilleur moyen d'enrichir votre répertoire mental de références et de données.

Commencez par vous exercer quelques minutes par jour dans un environnement tranquille. Puis, après quelques jours de cette pratique, exercez-vous dans des endroits plus mouvementés, dans une foule, par exemple. Recherchez un état intérieur de calme, malgré la turbulence environnante.

Pour acquérir une grosse banque de données, il est primordial que vous développiez au maximum votre capacité d'attention.

Quelques exercices de concentration

Les quelques exercices qui suivent vous aideront à fixer votre attention sur un objet précis. Ils «muscleront» ainsi votre pouvoir de concentration.

Voici un yantra, un dessin géométrique
encore couramment utilisé par les yogis modernes.

■ Concentration sur un yantra

Traditionnellement, les yogis ont toujours exercé leur pouvoir de concentration à l'aide de certaines images ou figures géométriques. C'est d'ailleurs là, l'un des secrets de leurs pouvoirs spéciaux : télépathie, déplacement d'objet, lévitation, voyage astral, contrôle de la température corporelle, etc.

Observez le yantra, page précédente.

1. Ici, il s'agit de vous concentrer sur le point situé au centre du cercle. Fixez votre attention sur ce point pendant au moins 5 minutes.

2. Dès qu'une pensée survient et vous distrait, ignorez-la tout simplement. Ne faites pas de violents efforts pour la chasser.

3. Reconcentrez-vous sur le point sans vous crisper mentalement. En aucun cas, vous ne devez froncer les sourcils.

■ Concentration sur la respiration

Une autre façon simple de développer votre concentration est de fixer toute votre attention sur votre respiration.

1. Asseyez-vous confortablement mais en gardant le dos droit.

2. Portez votre attention sur votre respiration. Sentez-la aller et venir comme les vagues sur une plage.

3. Une fois que vous serez suffisamment conscient de votre respiration, comptez chaque expiration : 1 ..., 2..., 3..., etc., jusqu'à 10.
4. Recommencez le compte de 1 à 10 pendant environ 5 minutes.

5. Adoptez la même attitude, face aux pensées, que dans l'exercice précédent.

■ Concentration sur une main

Cet exercice favorise la concentration grâce à un effort d'attention volontaire. Il s'agit d'un exercice simple mais très efficace.

Placez votre attention dans votre main droite. Après quelques minutes, adonnez-vous à une occupation quelconque mais continuez à maintenir votre attention dans votre main. Pratiquez cet exercice régulièrement pendant une quinzaine de minutes.

Vous pouvez aussi fixer votre attention sur une toute autre partie de votre corps.

■ Concentration sur une partie du corps avant de vous endormir

Lorsque vous êtes au lit, prêt à vous endormir, choisissez une partie de votre corps sur laquelle vous fixerez votre attention. Demeurez attentif à cette partie de votre corps jusqu'à ce que le sommeil vous gagne. Après quelques semaines de cette pratique, vous constaterez que votre attention aura tendance à se maintenir, même lorsque vous vous êtes endormi.

■ L'exercice de la trotteuse

Procurez-vous une montre pourvue d'une trotteuse ou un chronomètre. Placez votre montre (ou votre chronomètre) sous votre regard et portez votre attention sur le mouvement de la trotteuse. Lorsque vous réaliserez que vous vous êtes laissé distraire par une pensée parasite, voyez pendant combien de secondes vous avez maintenu votre attention.

Notez vos performances. Si vous pratiquez régulièrement cet exercice, vous aurez vite fait de constater une amélioration.

Comment faire le vide mental pour atteindre un état de totale neutralité

Les recherches dont les résultats ne nous affectent pas personnellement sont plus souvent couronnées de succès. Mais cela n'est possible que si vous pouvez «mettre votre mental au neutre».

Si, en un premier temps, vous avez commencé à développer votre pouvoir d'attention, vous devez ensuite apprendre également à regarder les choses sans les juger ou les étiqueter.

Comme le rappelait le philosophe indien Krishnamurti, il est important de se rendre compte qu'on a trop tendance à ne voir que l'image, le mot, le concept ou le souvenir qui est associé à la chose. On ne regarde pas la chose en elle-même. Telle qu'elle est, dans l'instant présent, en dehors du regard humain.

Pour atteindre cet état de neutralité et de passivité psychique, la méditation demeure le moyen idéal. Il y a bien sûr toutes sortes de techniques de méditation. Comme la méditation transcendantale, par exemple*.

Pour expérimenter l'état de neutralité mentale, je vous suggère d'utiliser en particulier la méthode suivante qui est d'origine bouddhique.

1. Asseyez-vous de préférence en tailleur et le dos droit. Si cela vous semble trop inconfortable,

---

* En dépit de son extraordinaire efficacité, celle-ci est en fait plus une méthode de relaxation qu'une méthode de méditation.

une chaise droite conviendra.

2. Commencez par vous concentrer sur le mouvement de votre respiration tel qu'indiqué plus haut dans l'exercice intitulé «Concentration sur la respiration». Observez aussi comment le jeu de vos pensées vient interférer avec le mouvement de votre respiration.

3. Ensuite, pour éviter de vous faire emporter dans les tourbillons mentaux, <u>dites intérieurement le mot «pensée», dès qu'une pensée ou une sensation apparaît.</u>

Ne jugez pas vos pensées. Que la pensée soit - selon vous - bonne ou mauvaise, pure ou impure, sensée ou idiote, restez indifférent. Vous n'avez pas à vous glorifier de vos pensées ni à vous sentir humilié par elles. Ce ne sont que des pensées.

En aucun cas, vous ne devez vous identifier à ces pensées. Le processus mental n'est pas le processus de la conscience. Il n'en est qu'un sous-produit.

Vous n'êtes pas vos pensées et vous dites «pensée» pour bien en prendre conscience.

Maintenez-vous dans la position d'un observateur totalement neutre qui regarde un kaléidoscope de phénomènes mentaux qui tournent devant lui.

Vous êtes en quelque sorte, le centre d'un cercle de pensées qui changent sans cesse mais reviennent continuellement sous une forme différente. Et dès qu'une pensée tente de franchir le cercle et de s'approcher du centre, répétez le mot «pensée».

4. Ensuite, reconcentrez-vous sur vos mouvements respiratoires, sans essayer de les contrôler.

Ce n'est pas pour rien si beaucoup de prêtres - tel, le célèbre abbé Bouly - comptent parmi les plus grands radiesthésistes. Quoi qu'on pense de la religion et même si on aime «bouffer du curé», force est d'admettre que la pratique de la prière ou de l'oraison mentale prédispose à la recherche radiesthésique.

Celles-ci favorisent en effet cet état d'abandon et d'ouverture à quelque chose de plus vaste que le petit moi de tous les jours.

Les divers exercices que je viens de vous indiquer vous permettront de faire, vous aussi, le grand saut dans l'immensité de la pensée intuitive. Et en toute sécurité.

Ces exercices accroîtront aussi votre capacité à faire abstraction des observateurs, lors de vos travaux radiesthésiques. On sait combien ceux-ci peuvent fausser les résultats d'une recherche lorsque le radiesthésiste n'a pas acquis cette capacité de détachement et d'isolation mentale.

Chapitre 8

APPRENEZ À DÉVELOPPER VOTRE CAPACITÉ À VISUALISER

La capacité à maintenir une seule image à l'esprit est également un atout majeur pour le radiesthésiste. C'est ainsi que vous pouvez mobiliser toutes les ressources de votre intelligence subconsciente pour obtenir des informations précises.

Le radiesthésiste qui maîtrise parfaitement la visualisation peut se passer de témoin. Il y a là de nombreux avantages dont je vous ai déjà parlé au chapitre 4 :

- économie d'énergie au niveau des yeux,
- absence de distractions visuelles,
- production d'ondes cérébrales favorisant l'apparition d'un état altéré de conscience.

Cependant, même si vous vous servez d'un témoin, vous pouvez en renforcer l'efficacité en visualisant clairement l'objet de votre recherche.

Certains ont naturellement une grande facilité à visualiser. D'autres devront au contraire, apprendre à maîtriser la visualisation par des exercices progressifs.

Dans ce chapitre, vous trouverez donc une méthode en trois phases pour développer cette capacité à visualiser qui est si importante en radiesthésie. Cette méthode s'adresse surtout à ceux et celles dont la visualisation intérieure est assez faible ou inexistante.

Néanmoins, si votre pouvoir de visualisation est déjà excellent, vous tirerez profit de cette série d'exercices. D'abord, à titre de test. Ensuite, pour entretenir et développer encore plus votre aptitudje à visualiser.

Phase 1

Exercice : Visualisation de Jésus-Christ

1. Regardez pendant 30 secondes à 1 minute l'image, page suivante, de Jésus-Christ, en vous concentrant essentiellement sur les 4 petites taches noires présentes sur le nez.
2. Ensuite, fermez un instant les yeux et fixez immédiatement un coin de mur blanc. Sa couleur et sa surface doivent être unies. Il ne faut pas que ce soit un mur de briques ou recouvert d'une tapisserie. Vous pouvez aussi vous servir d'une grande feuille blanche.
3. Attendez une quinzaine de secondes.
4. Que voyez-vous apparaître ? Normalement, même si vous n'êtes en rien doué pour la visualisation ou que vous ne croyez ni à Dieu ni au diable, vous aurez une «apparition» de Jésus.

Vous pourrez même constater qu'il y a une inversion du rapport noir/blanc comme sur un négatif de photo. Maintenant, les cheveux sont blancs tandis que la peau est noire.

Cela vous prouve bien que vous êtes capable de visualiser.

Exercice : Visualisation d'une figure

1. Regardez la première figure ci-dessous pendant 30 secondes à 1 minute, en vous concentrant simultanément sur les 2 yeux du bonhomme.
2. Ensuite, fermes un instant les yeux et portez aussitôt votre regard sur le mur ou le papier blanc.
3. Laissez l'image se former spontanément.

4. Répétez à plusieurs reprises cet exercice. La vision du diagramme se précise-t-elle à chaque nouvel essai ?

5. Recommencez le même exercice avec la deuxième figure ci-dessous. Comparez vos deux expériences.

Exercice : Visualisation de la couleur intérieure

1. Prenez un bout de tissu ou du papier d'une seule couleur.
2. Contemplez cette couleur pendant 1 à 3 minutes puis, fermez les yeux.
3. Essayez de visualiser à nouveau la couleur intérieurement. Concentrez-vous bien, de façon à ce qu'elle vous apparaisse avec un maximum de clarté et d'intensité.

Exercice : Visualisation de la photo psychique

1. Prenez une photo ou une image simple. Fixez-la pendant 3 à 5 minutes.
2. Fermez ensuite les yeux et essayez de revisualiser la photo ou l'image avec un maximum de détails.
3. Si vous n'êtes pas satisfait de votre performance, recommencez jusqu'à ce que vous obteniez une vision intérieure assez claire.

NB : Si vous avez beaucoup de difficultés à visualiser, choisissez des images que vous voyez très fréquemment. Comme par exemple, un tableau qui est en permanence accroché au mur de votre chambre. Ou même, tout simplement, visualisez votre chambre après l'avoir longuement et minutieusement examinée dans ses moindres recoins.

Vous pouvez également prendre des photos qui ont un impact émotionnel très puissant sur vous. Par exemple, une photo d'enfance, d'une personne que vous aimez beaucoup, etc.

Exercice : Visualisation de l'objet Kim

1. Prenez un objet simple dont vous vous servez souvent. Observez-en attentivement les moindres détails (couleur, forme, défauts, aspects singuliers, etc.) pendant 3 à 5 minutes.
2. Fermez ensuite les yeux et essayez de revisualiser l'objet avec un maximum de précision.
3. Si vous n'êtes pas satisfait de votre performance, recommencez jusqu'à ce que vous obteniez une vision intérieure assez claire.

Êtes-vous assez satisfait de votre performance ? Bravo ! Vous pouvez passer à la phase 2. Sinon, pendant un certain temps, pratiquez régulièrement cette série d'exercices pour «débloquer» votre capacité à mémoriser et à revisualiser des données visuelles.

Phase 2

Les yeux fermés et sans faire appel à une photo ou à une image examinée au préalable, essayez les exercices de visualisation suivants.

Exercice : Visualisation de l'objet intérieur

1. Une fois les yeux fermés, choisissez un objet précis.
2. Pendant quelques minutes, concentrez-vous sur cet objet et essayez de le voir avec un maximum de netteté et de détails.
3. Recommencez l'exercice avec différents objets.

La maîtrise de cet exercice de visualisation vous sera particulièrement utile pour rechercher des objets pour lesquels vous ne disposez d'aucun témoin.

Exercice : Visualisation du nombre

1. Une fois les yeux fermés, choisissez un nombre à chiffre unique. Par exemple, 0, 2 ou 3.
2. Ensuite, visualisez-le clairement sur votre écran intérieur.
3. Répétez l'exercice, en sélectionnant cette fois un nombre à 2 chiffres.
4. Répétez l'exercice avec des nombres ayant de plus en plus de chiffres.

La parfaite maîtrise de cet exercice de visualisation vous aidera lors de recherches où vous devrez par exemple, parier aux courses ou retrouver une voiture volée grâce au numéro minéralogique.

Exercice : Visualisation du paysage

1. Imaginez un paysage superbe et très ensoleillé.
2. «Construisez» le paysage avec force détails.
3. Imaginez que vous êtes étendu et que le soleil vous éclaire et vous réchauffe.
4. Sentez que la lumière et la chaleur du soleil vous enveloppent et pénètrent dans tout votre corps.
5. Imaginez que la lumière et la chaleur du soleil détendent profondément tous vos muscles.

Cette visualisation pourra aussi vous aider lors de séances de relaxation ou d'auto-hypnose (voir chapitre suivant).

Exercice : Visualisation de la caverne

1. Imaginez que vous pénétrez dans une caverne. Voyez-vous circuler dans un long couloir jusqu'à ce que vous atteigniez une petite salle mystérieusement éclairée.
2. Dans cette petite salle, il y a une rivière dont l'eau irradie une forte luminosité.
3. Vous buvez de cette eau. Elle vous semble étonnamment agréable et bienfaisante.

Voilà un exemple de visualisation qui vous permettra d'établir plus facilement un contact psychique avec l'élément eau.

Phase 3

Vous maîtrisez déjà assez bien les exercices précédents ? Alors, essayez les exercices de la phase 3. Mais n'oubliez pas de faire régulièrement vos gammes en pratiquant l'un ou l'autre des exercices précédents !

Exercice de l'écran miniature

1. Choisissez une image que vous avez déjà appris à visualiser correctement.
2. Visualisez-la d'abord normalement.
3. Essayez ensuite de revisualiser l'image à plusieurs reprises. Cependant, à chaque nouvel essai, réduisez-en la taille sur votre écran intérieur. A la fin, imaginez-la toute petite.

Exercice de l'écran sectionné

Cet exercice est un prolongement du précédent.

1. Reprenez la même image et visualisez-la normalement.
2. Ensuite, imaginez que votre écran intérieur est divisé en 4 sections de taille égale. La section en haut à gauche est la N° 1 ; celle en haut à droite, la N° 2 ; celle en bas à gauche, la N° 3 ; celle en bas à droite, la N° 4.
3. Successivement, visualisez l'image dans les secteurs 1, 2, 3 et 4.
4. Observez dans quelle section l'image se visualise le mieux.

Exercice de la séquence d'images

1. Établissez un programme de visualisation complexe de façon très précise.
2. De préférence, notez tous les détails sur papier. C'est important, vous éviterez ainsi l'errance mentale et la rêverie. Vous devez exercer votre capacité à maintenir une image stable.
3. Ensuite, fermez les yeux et visualisez la séquence d'images prévue.

Tout le monde est capable de visualiser

Au cours de votre apprentissage de la visualisation, ne vous découragez surtout pas si vos images mentales ne sont pas aussi «visuelles» que vous le souhaiteriez.

L'important est que vous puissiez penser intensément à votre objet de visualisation, sans vous laisser distraire par quoi que ce soit.

Rappelez-vous aussi que votre capacité à visualiser est largement tributaire de vos intérêts profonds. C'est ce que montre bien l'anecdote suivante.

Un jour, un patient se présenta chez Edouard Finn, un thérapeute spécialisé en programmation neurolinguistique ou PNL. Le travail en PNL implique un certain travail de visualisation. Or, ce patient se déclara totalement incapable de visualiser quoi que ce soit.

Mais ce patient était un mélomane averti. Partant de cela, Edouard Finn usa d'un stratagème pour lui faire prendre conscience de sa capacité potentielle à visualiser. Voici un extrait de leur entretien.

E.F. : *Quand avez-vous été au concert pour la dernière fois ?*

Patient : *La semaine passée...*

E.F. : *Fermez les yeux et écoutez à nouveau le brouhaha des gens qui s'installent à leur place.*

Patient : *Hum ! Oui, je peux entendre cela...*

E.F. : *Pouvez-vous entendre aussi les musiciens s'installer à leur pupitre et accorder leurs instruments ?*

Patient : *Oui, on appelle cela le «bourdon»...*

E.F. : *Comme vous entendez le bourdon, comment vous sentez-vous ?*

Patient : *Je suis tout excité car il se fait un grand silence qui prélude à l'arrivée du chef d'orchestre et du violoniste Isaac Stern.*

E.F. : *Comme vous frémissez à ce silence, pouvez-vous tendre l'oreille et réagir au tonnerre d'applaudissements qui salue l'entrée d'Isaac Stern sur scène ?*

Patient : *Oui, tout le monde est survolté et debout.*

E.F. : *Est-ce bien Isaac Stern ?*

Patient : *Bien sûr !*

E.F. : *De quelle couleur sont ses cheveux ?*

Patient : *Gris tirant sur le blanc...*

E.F. : *Comment est-il vêtu ?*

Patient : *Il porte un habit de soirée noir qui ne lui va très bien car il est un peu trop gros.*

E.F. : *Que fait Stern à présent ?*

Patient : *Il s'accorde avec l'orchestre et fait un signe au chef d'orchestre pour lui dire qu'il est prêt. Etc.**

Edouard Finn amena ainsi le patient à réaliser, à son insu, qu'il était capable de visualiser, «un peu comme Monsieur Jourdain faisait de la prose sans le savoir».

Si vous éprouvez donc certaines difficultés à visualiser, partez toujours d'éléments simples qui vous sont très familiers et qui ont un maximum d'impact émotionnel sur vous. Commencez, par exemple, à vous remémorer un événement marquant de la journée, etc.

Pour avoir une bonne idée de votre potentiel de visualisation, vous pouvez aussi essayer le truc suivant, lorsque vous tombez de fatigue le soir :

1. Plutôt que d'aller vous coucher tout de suite, asseyez-vous sur une chaise. Au préalable, vous aurez tamisé l'éclairage ou fermé complètement la lumière.

---

* *Stratégies de communication*, Éditions de Mortagne, 1989.

2. Fermez les yeux à demi.

3. Faites un gros effort pour demeurer éveillé et observez les images qui surgissent.

Si vous parvenez à rester un tant soit peu éveillé, vous pourrez voir apparaître les images hypnagogiques* qui acccompagnent la phase d'endormissement.

---

* Ces séances d'images ne sont pas des rêves à proprement parler mais conduisent au sommeil - d'où le qualificatif "hypnagogique".

Chapitre 9

L'AUTO-HYPNOSE OU COMMENT CRÉER UN ÉTAT FAVORABLE À LA RADIESTHÉSIE

En dépit du fait que la vie est plus facile qu'autrefois, nous vivons constamment des stress. Nous sommes sans cesse sollicités par la famille, les amis, la radio, la télévision, le travail, les obligations de toutes sortes.

Observez les gens autour de vous, et parlez un peu avec eux : beaucoup d'entre d'eux ne prennent jamais cinq minutes dans une journée pour s'arrêter et se reposer en toute quiétude. Tout se passe comme si nous faisions partie d'une danse infernale dont nous n'arrivons pas à sortir pour souffler un peu.

Ce climat de compétitivité nous pousse donc à adopter un style de vie qui est une véritable course contre la montre, et bien souvent, tout simplement, une course contre les autres. Et pourtant, certains d'entre nous réussissent véritablement à être heureux, socialement et dans leur vie privée.

Vous remarquerez que ces «gagnants» n'affichent pas le visage de l'épuisement. Ce sont des gens calmes qui respectent certains principes. Pour ne pas courir tout droit vers la crise cardiaque, pour ne pas se faire dévorer tout cru par l'adversité, ils ont su développer la capacité de se retirer en eux-mêmes pour se ressourcer. Et ils y parviennent bien souvent grâce à une forme ou une autre d'auto-hypnose.

L'auto-hypnose constitue en effet un moyen privilégié de retrouver votre tranquillité d'esprit et de vous refaire des forces. Elle recrée un contact profond avec vous-même qui vous dégage des influences négatives du monde extérieur.

Comme son nom l'indique, l'auto-hypnose vous permet de vous hypnotiser vous-même. Sans recourir au service d'un hypnotiseur, vous pouvez ainsi vous conditionner positivement vis-à-vis de ce que vous désirez changer ou améliorer en vous.

Et comme nous allons maintenant le voir, l'auto-hypnose est aussi un moyen très efficace pour créer l'état psychique propice à la radiesthésie. Mais avant d'aller plus loin, je voudrais faire le point sur le concept de «suggestion».

De l'auto-suggestion à l'auto-hypnose

En radiesthésie, l'auto-suggestion est considérée comme un obstacle majeur à la neutralité. Mais il faut s'entendre sur le mot «suggestion».

Il y a une auto-suggestion involontaire ou semi-volontaire qui provient de certaines données partielles enregistrées avant ou durant votre recherche. Ces données vous «suggèrent» une idée préconçue sur l'issue de votre recherche.

Cette forme d'auto-suggestion nuit indiscutablement à la neutralité mentale.

Il y a aussi une forme d'auto-suggestion volontaire dont vous pouvez vous servir pour corriger des défauts, éliminer des peurs ou générer une certaine forme d'énergie. Par exemple, pour vous relaxer avant un examen, vous pourriez vous dire : «*Une bienfaisante sensation de chaleur détend mes muscles et mon cerveau car j'ai bien révisé toute ma matière*».

En répétant consciemment cette «suggestion mentale» (appelée aussi «formule d'auto-suggestion» ou «affirmation positive»), sur un rythme lent et régulier, vous arriverez à chasser - ou à transformer - les sensations ou les pensées de stress associées à l'examen.

En effet, lorsque vous êtes triste ou angoissé, votre mental a tendance à répéter obsessionnellement des pensées telles que : «*Je suis nul en maths*», «*Je vais encore avoir une mauvaise note*», «*Si j'échoue c'en est fini de ma carrière*», etc.

Mais, cette tendance mécanique du mental peut vous servir plutôt que vous nuire. Une fois que le mental commence à répéter une affirmation positive, il va continuer. Et vos connections neurologiques se réorganiseront peu à peu pour générer des associations d'idées positives et créatives.

Cette dernière forme d'auto-suggestion est tout à fait positive et elle vous rendra de grands services dans tous les domaines - y compris en radiesthésie. Elle peut aussi faire partie intégrante de la pratique de l'auto-hypnose.

Certes, la répétition d'une «affirmation positive» est efficace si vous la répétez dans votre état mental ordinaire. Mais elle peut véritablement «soulever des montagnes», si vous la répétez dans l'état particulier propre à l'auto-hypnose.

Pour éviter toute confusion entre les deux formes d'auto-suggestion, j'emploierai donc plutôt les termes «auto-hypnose» ou «formule d'auto-hypnose», au cours de cet ouvrage.

Pourquoi l'auto-hypnose est-elle si utile à ceux qui désirent apprendre la radiesthésie ?

En radiesthésie, l'auto-hypnose vous permet de :

1. Retrouver votre calme intérieur et votre neutralité mentale

La recherche radiesthésique, pour qu'elle soit fructueuse, exige un état de grand calme intérieur qu'aucune pensée ne troublera.

Vous devez aussi pouvoir accéder à une neutralité absolue avant de poser vos questions. C'est seulement ainsi que vous empêcherez vos désirs inconscients de brouiller les pistes.

Pour que le subconscient puisse répondre aux questions que vous posez au pendule, vous avez donc à créer en vous-même un état de vide et de calme mental. Pendant un moment, il est essentiel d'éloigner toutes vos préoccupations quotidiennes.

Les techniques expliquées plus haut (concentration, visualisation, méditation) constituent déjà une très bonne manière d'accéder à cet état de grâce propice à la radiesthésie. Mais l'auto-hypnose le peut encore plus !

Celle-ci vous permet en effet de dépasser les limites de votre moi conscient et de faire appel à toutes les ressources de votre subconscient.

Grâce à l'auto-hypnose, il est possible d'atteindre un calme tout à fait exceptionnel. Et même dans des circonstances très difficiles ! Par exemple, durant une opération très douloureuse, vous pourriez vous passer complètement de sédatif.

Sans exagérer, on peut dire que l'auto-hypnose est un analgésique extrêmement puissant, capable d'éliminer tant la douleur morale que physique. De plus, cet analgésique idéal ne présente aucun effet secondaire et ne crée aucune accoutumance.

> Rappelez-vous les mots de cette chanson de Bécaud : «*Tous tes problèmes, pose-les là*». Vous croyez que c'est trop difficile, voire impossible ? Détrompez-vous. Ça n'a rien de sorcier avec l'auto-hypnose.

2. Développer votre confiance en vous

Pour développer la confiance en soi, l'auto-hypnose est sans égale. Elle peut vous remonter le moral ou vous «donner des ailes», en quelques minutes.

Au début de ma carrière, j'ai moi-même découvert l'auto-hypnose à travers la radiesthésie.

On m'avait expliqué qu'elle pouvait m'être d'une grande utilité pour établir plus rapidement le contact avec le subconscient. J'ai donc commencé à pratiquer l'auto-hypnose.

Et croyez-moi, je ne l'ai pas regretté. Non seulement m'a-t-elle procuré des bienfaits inouïs dans ma démarche professionnelle, mais aussi s'est-elle avérée un soutien inestimable dans les moments de doute.

Encore aujourd'hui, quand les problèmes surgissent tous à la fois, je sais ce qu'il me faut. Je ferme les yeux et doucement, tout doucement, j'entre en moi-même grâce à l'auto-hypnose. Un grand sentiment de paix et de suavité se diffuse dans tout mon être. C'est comme si mon corps n'existait plus.

Quand la séance est terminée, je vois les choses différemment, avec l'assurance que je pourrais affronter n'importe quoi !

Dans l'optique de la radiesthésie, je dois préciser que l'auto-hypnose s'avère également une force majeure dans le cas où des observateurs sceptiques ou ricaneurs sont présents. Il est vrai que tout observateur - a fortiori malveillant - rend plus difficile le travail radiesthésique.

En augmentant la confiance en soi, l'auto-hypnose permet de ne pas être gêné par de tels observateurs. Elle joue ici le rôle d'un bouclier protecteur.

3. Vous initier à l'état de transe propice à la recherche radiesthésique

En plus d'apaiser vos tensions mentales et physiques, l'auto-hypnose vous amène dans un état de transe profonde. En ce sens, elle représente une excellente initiation à l'état radiesthésique.

Mais peut-être ce mot «transe» vous effraie-t-il un peu ? Il ne le faudrait surtout pas.

En fait, cet état de transe est la clé de nombreux exploits qui semblent impossibles au commun des mortels : s'asseoir sur des planches à clous, marcher sur le feu, voyager dans l'astral ou produire des chefs-d'œuvre artistiques en des temps records (comme le faisait Mozart, par exemple).

Les gens qui font de la scène (chanteur, musicien, acteur, danseur de ballet) connaissent aussi cet état de grâce qui décuple leurs possibilités habituelles.

Ce qu'il faut admettre, c'est que le petit moi conscient est limité, frileux, besogneux, tatillon - et surtout incapable de voir plus loin que le bout de son nez.

Il est certes extrêmement utile pour mettre de l'ordre dans les perceptions, organiser la vie de tous les jours, accomplir des tâches mécaniques, conduire la voiture, maintenir la survie du corps. Mais intellectuellement parlant, il rampe au lieu de voler.

Pour accéder à des facultés nouvelles ou débloquer les puissances créatrices du subconscient, on doit pouvoir «s'élever» au-dessus de soi-même. On doit faire un geste d'humilité et avouer que notre intellect «ne sait pas». Pascal ne disait-il pas que l'ultime étape de la raison était de renoncer à elle-même.

Cet état de transe est la clé fondamentale pour «réveiller le géant» (ou la géante !) qui est en vous, comme le dirait Anthony Robbins*. Ce dernier est un prodigieux «moteur» qui organise des séminaires dans lesquels il apprend notamment à Monsieur et Madame Tout-le-monde à marcher sur le feu. Il veut ainsi leur montrer à quel point il est possible de franchir ses limites.

L'état de transe peut sembler mystérieux. Mais dans le fond, une fois que vous saurez comment y accéder, cela vous semblera aussi

---

* Deux de ses livres, *Pouvoir Illimité* (LP48) et *Potentiel Illimité* (LDPI) sont publiés aux Éditions Godefroy.

facile que de conduire à bicyclette.

Et comme la bicyclette, c'est en effet une question d'équilibre. Un équilibre très subtil entre ce que vous êtes et quelque chose de plus qui vous échappe mais qui peut tout faire pour vous - une sorte de bon génie.

L'auto-hypnose est la lampe d'Aladin qu'il vous suffit de frotter pour faire apparaître ce bon génie qui vous permettra de réaliser tous vos vœux. En l'occurrence ici, trouver des informations inaccessibles par le raisonnement ou les sens, grâce à la radiesthésie.

4. Renforcer votre pouvoir de visualisation

Il reste un aspect de l'auto-hypnose dont je n'ai pas encore parlé et qui est capital.

En maîtrisant l'auto-hypnose, vous augmenterez aussi votre capacité à visualiser et, du même coup, vos talents de radiesthésiste. Tout bon radiesthésiste sait à quel point il est important de pouvoir visualiser le plus précisément possible ce qu'il cherche.

Comment entrer en état d'auto-hypnose

Maintenant que vous avez lu le menu, vous voudrez sans doute y goûter. Voici donc une technique qui vous fera entrer dans l'état d'auto-hypnose. Sans doute sera-t-elle plutôt légère lors de vos premiers essais. Mais, si vous êtes très réceptif, vous pourriez atteindre rapidement un état d'hypnose plus avancé.

■ 1. Tout d'abord, veillez à ce que la pièce soit à une température agréable. Aucun courant d'air ne doit la traverser. Si c'est le soir, optez pour un éclairage tamisé (mais évitez l'obscurité).

Pendant que vous serez sous hypnose, vous ne devrez être distrait par aucun stimuli sensoriels.

Assurez-vous aussi que personne ne vous dérangera et si possible, débranchez le téléphone ou mettez votre répondeur automatique en marche.

■ 2. Asseyez-vous le plus confortablement possible mais ayez soin de bien garder les pieds en contact avec le sol.

■ 3. Fixez un point bien précis devant vous.

Vous pouvez fixer n'importe quel point mais je vous recommande de fixer :

– soit la flamme d'une bougie que vous aurez pris soin d'allumer auparavant. (La flamme vacillante provoque un effet hypnotique. Au début, cela favorise l'état d'hypnose. Avec la pratique, vous n'en aurez plus besoin.)

– soit le point central d'un cercle.

■ 4. Laissez-vous aller... Respirez profondément. Fixez bien le point de focalisation mentale (flamme ou autre) et dites-vous intérieurement : *«Mes paupières deviennent de plus en plus lourdes...»*.

Fixez le point de focalisation jusqu'à ce que vos yeux se ferment, et dites-vous : *«Mes paupières sont de plus en plus lourdes... Elles vont bientôt se fermer... Je serai sous hypnose...»*.

■ 5. Quand vos yeux sont fermés, dites-vous : *«Je me relaxe maintenant... À chaque respira-*

tion, je me relaxe de plus en plus, et mes paupières sont de plus en plus lourdes... Je me sens tout à fait bien...».

■ 6. C'est maintenant le moment de relaxer vos muscles. Relaxez-les d'abord du pied à la hanche, un côté à la fois. *«Mon pied gauche se relaxe.... Ma jambe gauche se relaxe... Ma cuisse gauche se relaxe... Ma hanche gauche se relaxe... Toute ma jambe gauche se relaxe... J'entre en état d'hypnose...».* Faites la même chose pour la jambe droite.

■ 7. Ensuite, dites-vous : *«La relaxation s'étend à tout mon corps. Mes muscles abdominaux se relaxent... Ma poitrine se relaxe... Mes muscles du dos se relaxent... Mes épaules se relaxent... Ma nuque se relaxe... Toutes les tensions disparaissent...».*

■ 8. Procédez ensuite à la relaxation des bras, des épaules jusqu'aux doigts. Relaxez d'abord le bras gauche, ensuite le bras droit.

(Notez qu'à ce stade, votre respiration devrait maintenant être plus lente.)

■ 9. Cela fait, relaxez les muscles de votre visage. Ceux qui entourent la bouche, ceux qui entourent les yeux...

«Mon front se relaxe, comme le reste de mon corps... Toutes les tensions se retirent, se dissolvent...»

■ 10. Maintenant, dites-vous : *«Je descends de plus en plus profondément en moi-même».* Répétez-vous cette affirmation plusieurs fois.

Imaginez ensuite un escalier roulant. Tandis que vous êtes dans cet escalier, comptez de dix à zéro, en vous disant *«Je descends de plus en plus profondément... À chaque chiffre, je vais de plus en plus profond...».*

Au chiffre zéro, imaginez que vous quittez l'escalier roulant et recommencez une fois ou deux.

■ 11. Le moment est maintenant venu de répéter votre formule d'auto-hypnose. S'il s'agit de vous préparer à une séance de radiesthésie, répétez, par exemple :

– *«Je me mets en contact avec mon subconscient qui sait tout».*

– *«J'ai la certitude que mon subconscient va me fournir une réponse précise et exacte aux questions que je lui poserai».*

– *«Je me branche de plus en plus sur mon intuition radiesthésique».*

– *«J'entre en communion avec l'esprit des plus grands radiesthésistes du XXe siècle».* (Vous pouvez aussi choisir le nom d'un grand radiesthésiste que vous admirez tout particulièrement.)

Prononcez d'abord la formule choisie en murmurant, puis énoncez-la mentalement. Laissez votre «voix mentale» la répéter spontanément, comme si c'était quelqu'un d'autre qui le faisait. N'intervenez pas. Plus la répétition est spontanée et rythmée, plus vous vous branchez sur votre subconscient.

■ 12. Une fois que vous sentirez que «le clou est suffisamment enfoncé», préparez-vous à sortir de l'état d'auto-hypnose. Pensez : *«Maintenant, je vais me réveiller... Je me sentirai parfaitement reposé et très alerte...».* Commencez à compter de 0 à 10. À 10, claquez des mains pour signifier clairement que vous sortez de l'état d'auto-hypnose.

C'est maintenant le moment de vous asseoir si vous vous étiez allongé, et de saisir votre pendule pour débuter votre séance de radiesthésie.

Notez qu'après un certain entraînement, vous pourrez vous mettre en état d'auto-hypnose en comptant simplement de 10 à 0 sur un rythme très lent.

L'état d'auto-hypnose ne sera peut-être pas aussi profond que lors d'une séance normale. Mais si vous êtes pressé par le temps, cette courte séance vous donnera suffisamment de calme et d'inspiration pour entamer votre pratique radiesthésique.

Autres possibilités de l'auto-hypnose

Comme nous l'avons vu, des liens étroits unissent auto-hypnose et radiesthésie. Par ailleurs, les bienfaits de l'auto-hypnose ne s'arrêteront pas à faire de vous un bon radiesthésiste.

Dès que vous en aurez maîtrisé les rudiments, vous pourrez vous en servir, à d'autres fins, dans la vie de tous les jours.

Telles que :

– lutter contre l'insomnie,
– combattre les maux de tête,
– maigrir ou contrôler votre poids,
– vous débarrasser d'une timidité excessive,
– refaire le plein d'énergie à chaque fois que vous en aurez besoin,
– réussir vos examens plus facilement,
– faciliter votre apprentissage,

— combattre les douleurs chroniques,

— etc.

Pour obtenir ces résultats, vous n'avez qu'à faire l'exercice que je viens de décrire. Et dans l'étape 11, formulez mentalement des suggestions positives en fonction de votre objectif.

L'important, c'est que vos suggestions soient courtes, précises, et formulées dans un style simple. De plus, elles doivent illustrer l'effet désiré, et non pas les symptômes que vous souhaitez voir disparaître.

Par exemple, si vous désirez cesser de fumer, évitez les suggestions du genre : *«Je ne fumerai plus... La cigarette m'empoisonne l'existence»*. Choisissez plutôt : *«Je me sens très bien sans cigarette... J'aime respirer l'air pur... Maintenant, je ne fumerai plus...»*.

Visualisez en même temps, que vous avez résolu votre problème. Visualisez ainsi diverses situations où vous vous sentez libéré et heureux.

Voilà. C'est aussi simple que cela. La résolution d'un problème peut demander plusieurs séances, car il faut un certain temps avant que votre subconscient capte le message que vous lui envoyez.

Enfin, précisons que l'auto-hypnose est sans danger et ne requiert aucune faculté extraordinaire.

Tout le monde peut utiliser cette technique pour réaliser ses objectifs et accroître son bien-être. Si vous maîtrisez assez bien les techniques de concentration et de visualisation expliquées plus haut, vous n'aurez aucune difficulté à rentrer dans l'état d'auto-hypnose profonde.

Chapitre 10

EXERCICES POUR DÉVELOPPER VOTRE SIXIÈME SENS

La faculté radiesthésique n'est pas une faculté à part qui serait différente de la télépathie, de la clairvoyance ou de l'intuition avec un grand «I». Elle est une manifestation de cette faculté psychique fondamentale qu'on nomme souvent le «sixième sens».

Ce sixième sens est le commun dénominateur des diverses manifestations intuitives qu'on observe chez toute personne un tant soit peu «branchée» sur son subconscient. Qu'il s'agisse du «nez» de l'homme d'affaires qui investit bien à tous les coups, d'un rêve prémonitoire, de la prescience spontanée (un pressentiment) qui oblige un cascadeur à renoncer cette journée-là à une cascade dangereuse, etc.

En développant votre sixième sens, vous touchez à tous les domaines. De la même façon, si vous êtes déjà doué pour une certaine forme de voyance, vous avez de fortes chances de pouvoir exceller en radiesthésie.

Ce chapitre est destiné à vous aider à développer votre sixième sens, en général. Grâce à ce sixième sens, vous pourrez parvenir à percevoir des choses quand vos sens habituels ne vous seront d'aucun secours ou lorsque vous ne pourrez en faire usage.

Apprenez à voir et à agir durant la nuit

Beaucoup d'animaux ont la faculté de voir la nuit. Sans aller jusque là, vous pouvez néanmoins apprendre à vous sentir très à l'aise dans l'obscurité.

Cette faculté présente beaucoup d'avantages. Par exemple, durant la nuit, vous n'êtes pas obligé d'allumer la lumière et de réveiller votre partenaire pour trouver quelque chose. Ou, vous pouvez vous diriger dans votre logement sans même avoir à tâter les murs ou tout autre obstacle contre lequel vous risqueriez de vous cogner. Et bien entendu, en cas de panne de courant, vous ne paniquerez pas.

Non seulement, vous voyez les choses dans une certaine mesure mais vous distinguez aussi la «présence» des choses. Les aveugles développent considérablement cette faculté. On dirait qu'ils voient avec leur peau*.

D'une certaine façon, le radiesthésiste fonctionne à la manière d'un aveugle ou d'une personne qui avance dans l'obscurité totale. Lui aussi est dans l'«obscurité». Ses sens ordinaires ne peuvent lui fournir la réponse recherchée. Mais, à partir d'informations minimales et de perceptions extrêmement ténues, il peut savoir exactement où il va.

---

* Des recherches ont même prouvé que certaines personnes pouvaient distinguer les couleurs avec les doigts.

En ce sens, le fait d'apprendre à voir ou à bouger dans l'obscurité est une excellente façon d'aiguiser votre sixième sens.

Voici donc quelques exercices qui vous aideront à développer cette vision nocturne qu'ont en commun les hiboux, les chauve-souris et bien d'autres animaux.

Le jeu de la chambre noire

1. Asseyez-vous dans une pièce très sombre. Gardez les yeux ouverts. Au début, vous ne distinguerez rien du tout. Selon le cas, tout sera complètement noir ou il n'y aura qu'une sorte de brouillard vaguement lumineux provoqué par les phosphènes* ou des «résidus» mémoriels de la lumière qui éclairait la pièce.

2. Relaxez-vous et essayez de vous sentir à l'aise dans l'obscurité. Beaucoup de gens éprouvent une certaine crainte dans le noir, laquelle peut évoquer l'inconnu ou le danger. Respirez profondément pour chasser les sentiments de peur.

3. Patientez quelques minutes et commencez à regarder attentivement la pièce. Au bout d'un certain temps, vous serez surpris de constater que vous distinguez de plus en plus de choses. Pas aussi nettement qu'en plein jour, certes, mais suffisamment bien pour savoir les localiser de façon très précise.

Vous souvenez-vous ? Durant la Guerre du Golfe, les soldats américains étaient équipés de lunettes spéciales qui leur donnaient une vision

---

* Une pression ou un choc au niveau des yeux peuvent exciter les récepteurs rétiniens au même titre que la lumière. Ce sont les impressions lumineuses ainsi produites qu'on appelle "phosphènes". Le fait de se frotter les yeux en s'éveillant provoque souvent l'apparition de phosphènes.

quasi normale en pleine nuit. Ces lunettes pouvaient en effet détecter le rayonnement infrarouge des objets durant la nuit et «reconstruire» ainsi leur configuration.

Grâce à ces lunettes, les soldats américains possédaient évidemment un net avantage sur les Irakiens, lors des combats nocturnes.

En fait, il y a toujours une certaine luminosité même dans la nuit la plus noire. En apprenant à percevoir cette luminosité minimale toujours présente, vous pouvez «reconstruire» mentalement les objets.

Ceux qui connaissent bien la photographie savent qu'on peut prendre de bonnes photos dans l'obscurité sans l'aide d'aucun flash. Pour cela, il suffit d'exposer très longuement le négatif.

Un de mes amis photographe me rapportait qu'il avait installé son appareil-photo devant un paysage en pleine nuit. Une fois le film développé, il remarqua sur l'épreuve-papier des détails qui étaient tout à fait invisibles à l'œil nu durant la pose.

C'est un peu ce qui va se passer si vous observez pendant un certain temps la pièce où vous vous trouvez. Telle une chambre noire, votre cerveau va capter et enregistrer les micro-sensations lumineuses. De plus en plus, les masses se préciseront. Vous pourrez alors chercher des objets et circuler dans la pièce comme s'il faisait jour.

Le jeu de colin-maillard

Dans ce jeu de société populaire, on bande les yeux d'une personne. Celle-ci se met alors à circuler dans la pièce et elle doit intuitivement deviner la présence des autres participants. Elle a gagné dès qu'elle a réussi à toucher l'un d'entre eux.

Ce jeu de société est aussi une excellente - et amusante - façon de développer votre intuition radiesthésique et votre sens de l'orientation.

Vous pouvez aussi jouer seul(e) à ce jeu. Bandez-vous les yeux et allez dans un bois ou un parc (où il est possible de vous livrer à cet exercice en toute discrétion). Essayez de deviner la présence des arbres. Bien entendu, examinez auparavant l'ensemble du terrain afin d'éviter tout accident.

Cet exercice est excellent pour vous habituer à être très conscient du contact du pied avec le sol. Autrement dit, devenir très sensible au tellurisme.

Savoir «penser avec les pieds» est essentiel pour sentir ce qui se passe sous la surface.

Les jeux du poing serré

Enfant, vous avez sûrement joué à ce jeu qui consiste à prendre un objet dans une main puis à serrer les deux poings. Votre partenaire doit alors deviner dans quel poing vous avez caché l'objet.

C'était également un jeu très populaire chez les Amérindiens adultes. Durant les longues soirées d'hiver, ceux-ci jouaient pendant des heures. Et leur passion était telle qu'ils n'hésitaient pas à parier jusqu'à leur femme ou... la phalange d'un doigt !

Dans ce genre de jeu, de bons résultats peuvent s'expliquer par le hasard. Mais comment se fait-il que certains gagnent tout le temps ? Force est d'admettre qu'ils possèdent un sixième sens très aiguisé qui leur permet de transcender le hasard.

Apprenez à deviner quelle est la bonne carte

Choisissez 3 cartes au hasard dans un jeu de cartes.

Examinez lesquelles vous avez sélectionnées. Retournez-les et mélangez-les bien.

Puis, disposez-les sur la table de façon à ne voir que le dos de la carte. Vérifiez bien s'il n'y a aucune marque ou déchirure qui puisse les distinguer l'une de l'autre.

Vous allez maintenant tenter de trouver l'emplacement d'une carte en particulier. Décidez laquelle. Une fois que vous aurez fait votre choix, ne changez pas d'idée durant toute la série d'essais.

Respirez profondément et ne faites pas de choix précipité ou impulsif. Attendez que monte en vous un sentiment de certitude et qu'un mouvement très spontané de la main vous pousse à saisir une carte.

Aiguisez votre intuition sensorielle

Ce jeu se joue à deux. Une personne a les yeux bandés et son partenaire dispose devant elle une série d'objets. Certains de ces objets peuvent avoir une odeur caractéristique.

La personne qui a les yeux bandés doit pouvoir nommer un maximum d'objets.

Ne donnez pas votre langue au chat trop rapidement !

Vous avez franchi les étapes préliminaires de l'apprentissage radiesthésique. Permettez-vous maintenant de passer à l'étape suivante où vous ferez connaissance pour de bon avec le pendule et la baguette.

N'oubliez pas cependant de continuer à pratiquer les exercices qui précèdent. Ceux-ci soutiendront vos efforts dans les phases ultérieures de votre apprentissage.

Chapitre 11

PREMIER CONTACT AVEC LE PENDULE ET LA BAGUETTE

Rappelez-vous que personne ne devient radiesthésiste du jour au lendemain. Armez-vous donc de patience et ne ménagez pas les heures de travail. Il va de soi que vos premières tentatives ne seront pas nécessairement couronnées de succès. Mais ne vous laissez pas décourager pour autant.

En radiesthésie comme dans tout autre domaine, mieux vaut avancer lentement mais sûrement. Beaucoup de débutants font l'erreur de se lancer dans des exercices difficiles sans avoir maîtrisé les bases du travail radiesthésique. Il n'y a rien de tel pour vous saper le moral.

Le mieux est de vous en tenir à la méthode que je vous propose, sans sauter d'étapes. Les exercices sont choisis en fonction d'une progression qui laisse de plus en plus de place à l'action du subconscient.

Pour commencer, je vous invite à faire plus ample connaissance avec vos instruments radiesthésiques.

Créez d'abord les bonnes conditions de travail

Incontournable ! Pour ce faire :

■ Décompressez ! N'entreprenez jamais une recherche radiesthésique dans un état de fatigue mentale, lorsque vous vous sentez stressé ou préoccupé.

■ Évitez aussi de vous mettre au travail lorsque vous avez l'estomac plein. Vous avez besoin d'une clarté d'esprit maximale pour obtenir de bons résultats. Surtout si vous en êtes encore à vos débuts.

■ Avant de vous mettre au travail, prenez quelques respirations profondes et exécutez une série d'étirements coordonnés afin d'activer votre énergie vitale. Faites aussi une courte séance de préparation mentale selon les méthodes préconisées plus haut : relaxation, auto-hypnose, etc.

Lorsque vous vous sentez suffisamment ragaillardi, vous pouvez commencer votre séance de radiesthésie.

Comment travailler avec le pendule

Debout ou assis, adoptez la bonne position

Que vous soyez assis ou debout, adoptez une position confortable. Lorsque vous tenez votre pendule, gardez votre bras et votre main détendus afin de ne pas faire interférence avec le courant énergétique qui relie votre corps au pendule.

■ Si vous travaillez assis, placez votre coude sur la table. Cet appui vous permettra de travailler plus longtemps sans vous fatiguer. Il assurera

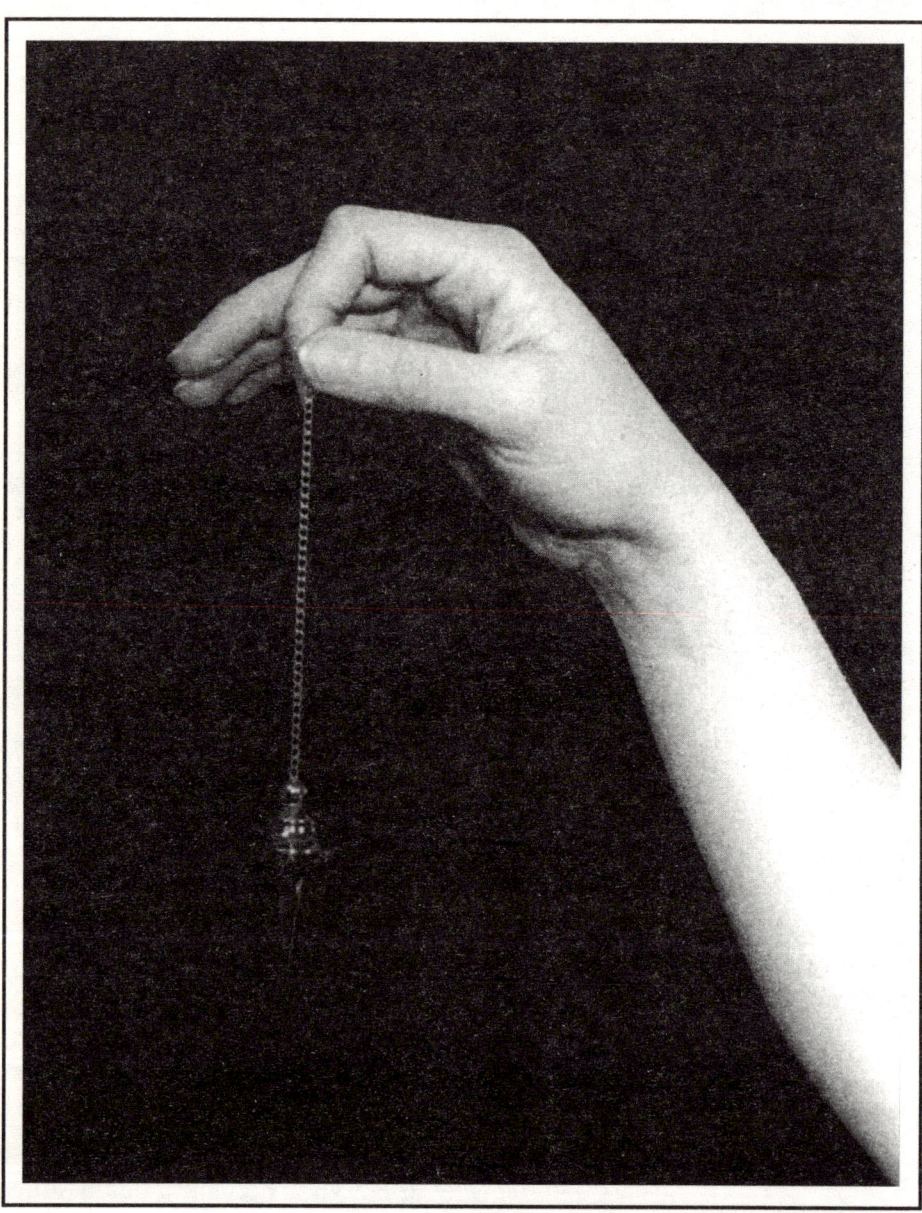

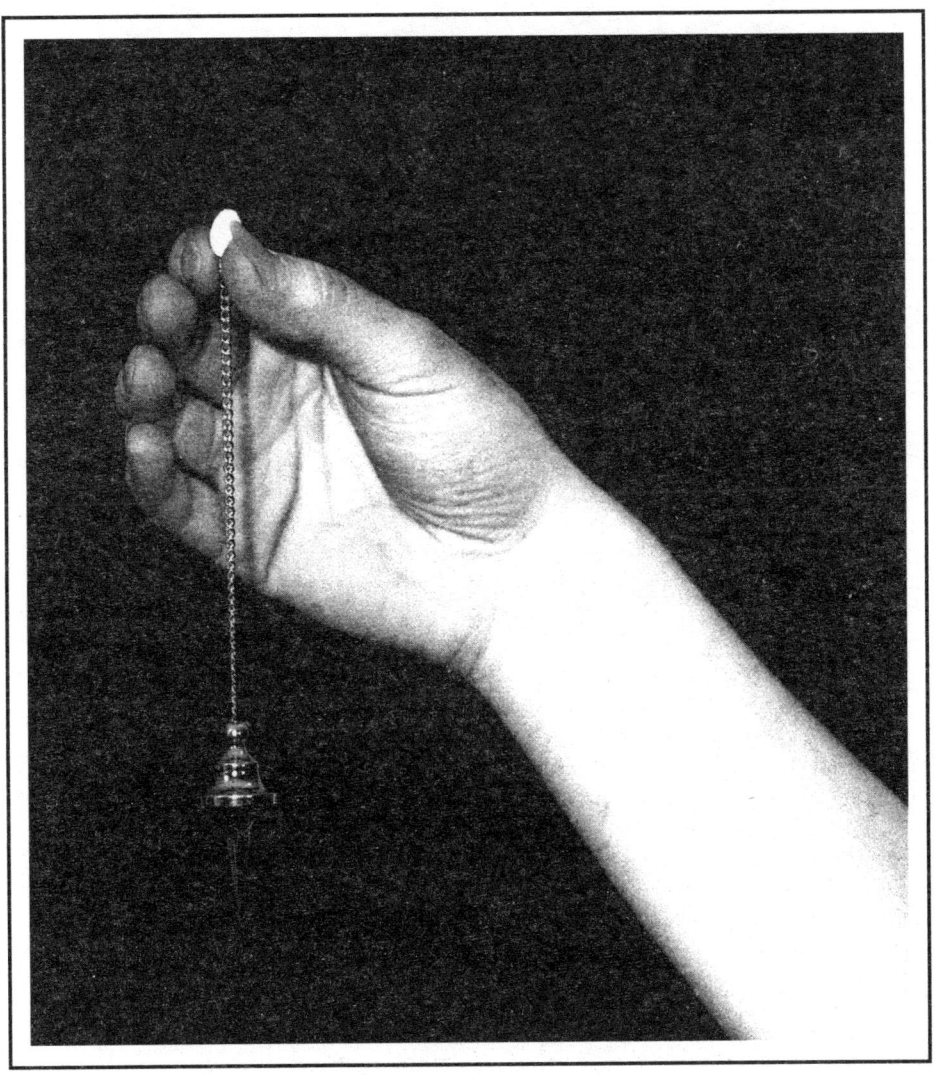

2 bonnes positions pour tenir le pendule

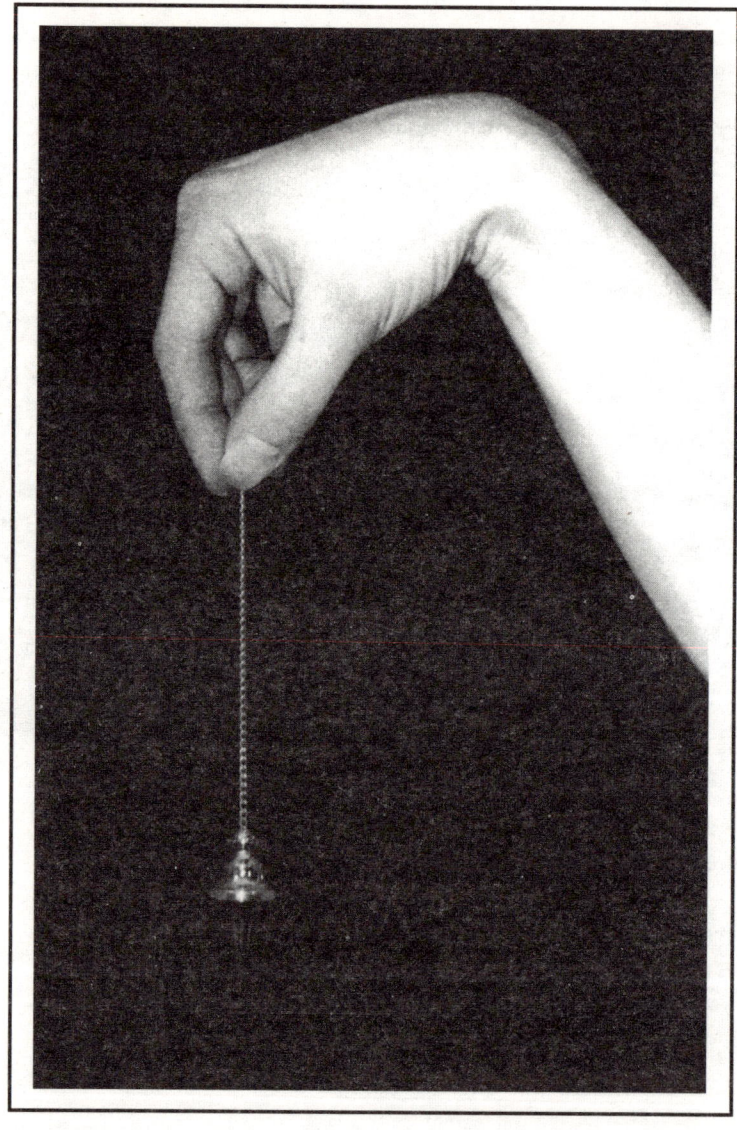

Mauvaise position pour tenir le pendule.
Le poignet étant «cassé», le pendule réagit mal aux contractions
neuro-musculaires subconscientes qui déclenchent normalement
le réflexe radiesthésique.

également une certaine stabilité à la main qui tient le pendule.

■ Si vous devez travailler debout, placez votre bras dans la position qui vous semble la plus confortable. Lorsque vous commencez à ressentir une fatigue musculaire, arrêtez-vous quelques instants, secouez votre bras pour le détendre et reprenez votre recherche.

■ Si vous devez vous déplacer pour exécuter votre recherche, marchez d'un pas lent et régulier. Evitez les gestes inutiles car ils nuisent à la concentration et perturbent le réflexe radiesthésique. Cette recommandation vaut également pour la baguette, mais encore plus pour le pendule.

Travaillez avec «doigté»

Maintenez le cordon ou la chaînette de votre pendule avec souplesse entre le pouce et l'index. Les réflexes neuro-musculaires semblent plus accentués dans l'index que dans les autres doigts de la main.

Réglez la longueur du fil

La plupart des «pendulistes» accordent une grande importance à la longueur de la chaînette du pendule. Celle-ci agit effectivement sur l'amplitude des mouvements de votre pendule. Plus la chaînette est longue, plus le mouvement prend de l'ampleur.

Voici comment faire pour déterminer la longueur idéale pour la chaînette (ou la ficelle) de votre pendule.

Maintenez le fil ou la chaînette de votre pendule entre le pouce et l'index, à une distance de 3 ou 4 cm du pendule. Induisez un mouvement à votre pendule. Lorsque celui-ci est bien amorcé, laissez glisser le fil entre vos doigts.

Lorsque les mouvements du pendule auront atteint la plus grande netteté, resserrez légèrement le pouce et l'index pour stopper la descente du pendule.

Allez-y pour de bon Contrairement à la baguette, le pendule offre une grande possibilité de mouvements. Il peut :

- faire des ellipses ou se déplacer en cercle parfait vers la droite ou vers la gauche ;
- osciller dans différentes directions (dans le sens de la longueur, en travers ou en oblique).

Chacun de ces mouvements, de même que l'absence de mouvement, peut vous fournir une information précise en rapport avec votre question. Par exemple, une giration franche vers la droite pourrait vouloir dire OUI.

Avant d'entamer la recherche proprement dite, vous devrez donc :

- établir votre convention mentale pour déterminer la signification des divers mouvements du pendule ;
- formuler clairement votre question.

(NB : Je vous reparlerai plus longuement de ces deux thèmes dans le chapitre suivant.)

Une fois cette étape franchie, concentrez-vous exclusivement sur l'objet de votre recherche. Laissez votre subconscient induire les mouvements requis à votre pendule en gardant votre main aussi passive que possible.

Selon le cas, immobilisez le pendule ou mettez-le en mouvement

Règle générale, veillez à immobiliser votre pendule avant de poser une question.

Par contre, si vous travaillez avec un pendule lourd et lent à démarrer, induisez un léger mouvement à votre pendule. Ce geste volontaire aura pour effet de rompre l'inertie de votre pendule et facilitera donc sa mise en marche.

Attention aux réactions trop fortes du pendule !

Il arrive à certaines personnes de constater une trop grande mobilité de leur pendule. Différentes raisons peuvent expliquer ce phénomène :

■ L'opérateur peut faire preuve d'un manque de concentration ou de neutralité. En effet, s'il manifeste un empressement à voir bouger son pendule, ce désir peut être suffisant pour faire tourner le pendule. Dans une telle situation, il importe de redoubler d'efforts pour réduire votre mental au silence.

■ Les girations du pendule peuvent aussi être dues à une grande sensibilité motrice de l'opérateur. Celui-ci pourra diminuer les effets de sa sensibilité motrice en suspendant son pendule entre l'annulaire ou le médium et le pouce plutôt qu'entre l'index et le pouce. Il évitera également d'induire un mouvement volontaire de va-et-vient à son pendule au moment d'une recherche. Finalement, le «penduliste» pourra se procurer un pendule plus lourd et donc plus lent à démarrer.

Comment travailler avec les 3 types de baguette

Grosso modo, la progression dans le travail avec la baguette se fait comme avec le pendule : décompression physique et mentale, essai et vérification avec l'instrument, convention mentale, question, etc. Cependant, la façon de tenir l'instrument diffère considérablement - d'autant plus qu'il y a 3 types de baguette.

La baguette en Y

La plus connue ! Voici comment la tenir :

- Empoignez-la en ayant les paumes des mains tournées vers le ciel. Les pouces sont donc vers l'extérieur et sur le dessus de la baguette. (Voir figure page 159)

- Les coudes sont en appui sur le corps.

- La baguette se maintient généralement à la hauteur du plexus solaire, soit en position horizontale, soit légèrement surélevée par rapport à l'horizontale. (Voir figure page 159)

- Les extrémités libres de la baguette sont écartées. Cet écart crée une puissante tension de l'instrument qui, au moindre mouvement des mains, s'inclinera vers le haut ou vers le bas. C'est ce qu'on appelle la «saute» de la baguette.

Cette technique est la plus répandue et la plus commode pour la majorité des radiesthésistes. Mais, si elle vous semble inconfortable, n'hésitez pas à essayer d'autres façons de faire. Certains radiesthésistes tourneront par exemple la baguette vers leur poitrine plutôt que vers l'avant.

La façon dont vous empoignez votre instrument de travail n'a qu'une influence relative sur

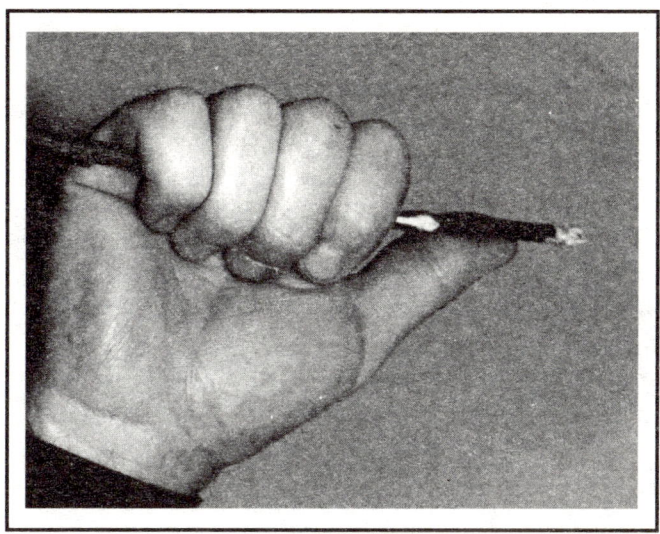

Une des façons les plus courantes de tenir la baguette en Y

les résultats obtenus. C'est surtout votre souplesse et votre décontraction qui font une différence.

En général, les radiesthésistes conviennent que la «saute» de la baguette, que ce soit vers le haut ou vers le bas, correspond à une réponse affirmative. Mais, le plus souvent, la baguette se meut vers le bas si le radiesthésiste recherche quelque chose qui se trouve sous ses pieds.

Certains radiesthésistes préfèrent donner une signification spécifique au mouvement vers le haut et à celui vers le bas. Dans ce cas, le mouvement descendant signifie OUI et le mouvement ascendant, NON.

Remarques :

- Si votre baguette ne mesure qu'une dizaine de centimètres, il sera plus commode de la maintenir entre le pouce, l'index et le majeur réunis.

● Messieurs, n'oubliez pas de tenir la baguette à une certaine distance vers l'avant. Sinon, en s'abaissant brusquement, la baguette risque de heurter vos parties sensibles.

La baguette en équerre (ou baguette en L)

Pour utiliser ce type de baguette :

■ Prenez une baguette dans chaque main, par le bout le plus court.

■ Les coudes en appui sur les côtes, maintenez les parties longues devant vous à l'horizontale et parallèles l'une à l'autre.

■ Ces tiges peuvent bouger de 3 façons différentes. Elles peuvent s'entrecroiser, s'éloigner l'une de l'autre ou encore elles peuvent s'orienter dans la même direction en restant parallèles l'une à l'autre.

En fonction de vos expériences personnelles, adoptez une convention mentale qui déterminera dorénavant la signification de ces différents mouvements.

L'utilité première de ces baguettes est d'indiquer des directions. Mais rien ne vous interdit d'élargir la signification de leurs divers mouvements.

Pour avoir plus de détails sur la façon d'utiliser les baguettes en L, voyez le chapitre 13.

La baguette droite

Cette baguette va en s'amincissant d'une extrémité à l'autre. Vous la tenez en équilibre avec une ou deux mains, par le bout le plus mince.

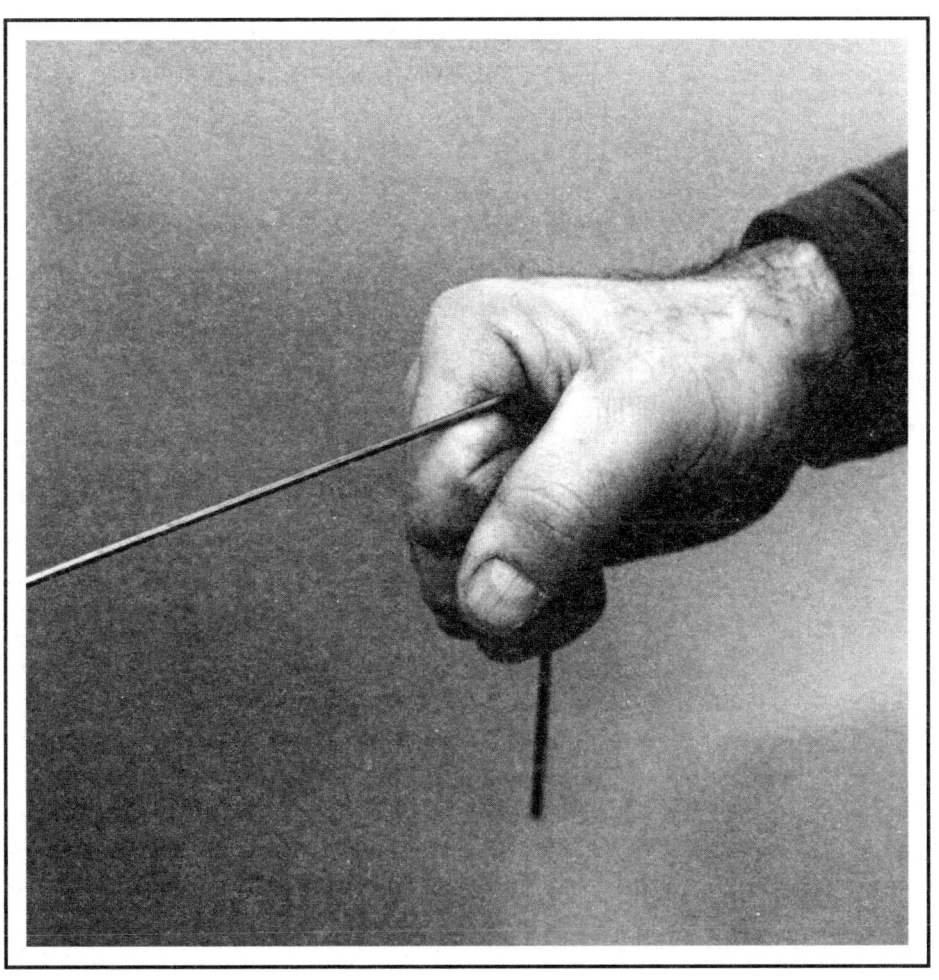

Une des façons les plus courantes de tenir la baguette en L

La règle générale veut qu'un mouvement de bas en haut indique le OUI tandis qu'un mouvement latéral signifie NON.

Mais ici encore, sachez «lire entre les lignes».

Par exemple, à l'approche d'un courant souterrain, la baguette formera un arc dont la partie la plus lourde plonge vers le sol. Mais cette baguette peut en même temps prendre l'orientation du cours d'eau dont elle traduit la présence.

Caractère étrange des premières expériences

La première fois que le néophyte voit son pendule entrer en giration ou qu'il sent sa baguette tourner entre ses mains, il en éprouve toujours une surprise mêlée d'une pointe d'étrangeté. Il a l'impression que des forces magiques se sont emparées de son instrument.

Bien sûr, il n'en est rien. L'effet de surprise passé, on constate que la radiesthésie n'a rien de bien mystérieux. Elle résulte tout simplement d'une volonté ferme du radiesthésiste de trouver une réponse à une question.

Cette réponse lui provient de son subconscient avec lequel il s'est entraîné à établir une communication claire. La baguette ou le pendule ne jouent qu'un rôle secondaire dans le processus. Ils ne font que rendre visibles des mouvements manuels qui, autrement le ne seraient pas.

Les réflexes neuro-musculaires du radiesthésiste influent sur le pendule ou la baguette et rendent visible la réponse du subconscient. Comme ces réflexes sont imperceptibles, involontaires et inconscients, il a l'impression que l'instrument bouge de lui-même.

Une petite expérience qui semble dangereuse mais qui ne l'est pas

Pour découvrir ce qu'est le fonctionnement intuitif et subconscient des réflexes, je vous propose l'expérience suivante.

Sur une route - où vous êtes seul de préférence -, arrêtez-vous de conduire volontairement. Cependant, gardez les mains sur le volant et laissez le pied sur l'accélérateur. Cessez simplement d'être celui qui conduit.

Relaxez-vous et abandonnez-vous.

Rassurez-vous. Avant même que la voiture ne fasse une manœuvre dangereuse dans un tournant, vous allez constater que quelque chose en vous fera tourner spontanément le volant et relâchera un peu la pression sur l'accélérateur.

Cette force qui jaillit de l'intérieur sans effort <u>conscient</u> de votre part vient du subconscient. Vous n'avez pas le temps de vous dire «Je vais faire ceci ou cela pour éviter que..., parce que..., etc.». Cela se fait tout simplement.

D'ordinaire, la conscience du danger fait que vous conduisez sans doute avec une certaine crispation physique et mentale - que vous la perceviez ou non. La «non-conduite» vous fait réaliser qu'il y a moyen de se relaxer, même en conduisant dans des circonstances difficiles.

En radiesthésie, cet état d'abandon et de relaxation permet aussi l'expression directe et neutre de votre subconscient.

Tout comme le bon automobiliste réagit vite et bien en cas d'urgence, le radiesthésiste a développé des réflexes conditionnés qui lui indiquent automatiquement la bonne réponse.

L'importance de la bonne attitude mentale

Le pendule et la baguette sont intelligents

Avez-vous peur des réponses que le pendule ou la baguette pourraient vous apporter ? Ne vous inquiétez pas. Votre subconscient ne donnera jamais accès à une information qui risquerait d'être dangereuse pour vous.

Le pendule ou la baguette sont des instruments de connaissance de soi et de développement personnel. Ils ne vous indiqueront que ce que vous êtes en mesure de comprendre. Jamais ils ne vous donneront de renseignements que vous n'êtes pas capable d'assimiler. C'est comme si un verrou de sécurité vous protégeait contre ce qui peut vous faire du tort.

Faites confiance à vos instruments radiesthésiques

L'opinion que vous vous faites de la radiesthésie peut affecter votre pratique. Si vous êtes sceptique, sur vos gardes, il est fort probable que cet état d'esprit ait un impact négatif et diminue vos capacités.

N'ayez pas peur de faire des découvertes. En tenant compte des grands principes que j'ai énoncés plus haut, usez de toute votre créativité durant vos séances de radiesthésie.

Par ailleurs, faut-il le rappeler, ne passez pas votre temps à vous dire que vous ne deviendrez jamais un bon radiesthésiste. C'est la meilleure façon de ne pas y arriver. Ayez confiance en votre subconscient et il vous le rendra... au centuple.

Chapitre 12

PREMIERS EXERCICES
AVEC LE PENDULE

Au chapitre précédent, vous avez vu comment tenir votre pendule. Mais il est essentiel aussi de savoir comment :

- votre instrument répond ;
- établir une convention mentale temporaire ou définitive ;
- vous prémunir contre le pouvoir moteur des images ;
- poser des questions efficaces.

Pour vous aider à entrer dans le vif du sujet, commençons donc par un exercice simple : le test classique des pièces de monnaie.

1. Disposez, à 11 cm de distance, 2 pièces de monnaie identiques sur une table recouverte d'un tissu de couleur unie.

2. Suspendez votre pendule exactement entre les deux pièces de monnaie, à quelques centimètres de la table.

3. Retrouvez un état de neutralité mentale, en gardant les yeux mi-clos, fermés ou encore en fixant un point imaginaire entre les deux pièces de monnaie.

4. Votre pendule devrait réagir en décrivant de larges oscillations vers l'une et l'autre pièce.

Il est aussi possible de voir apparaître des mouvements circulaires dont le diamètre soit égal à la distance séparant les deux pièces.

5. Remplacez maintenant l'une des deux pièces par une troisième pièce différente des deux premières.

6. Repositionnez votre pendule au centre.

7. Laissez place au silence intérieur.

Votre pendule devrait alors demeurer immobile ou encore, décrire des mouvements désordonnés.

Si vous le pouvez, ayez recours à l'aide d'un ami pour effectuer cet exercice. Demandez-lui de faire le changement de pièce de monnaie pour vous. De cette façon, le mouvement de votre pendule ne sera pas interrompu par vos changements de pièce. Vous pourrez alors mieux observer votre pendule passer doucement d'un mouvement ample et précis à un mouvement désordonné ou à l'immobilité.

Modifiez l'expérience en remplaçant les pièces de monnaie par des jetons de couleurs semblables et différentes.

A. Découvrez le sens des différents mouvements du pendule

Je vous avais promis plus de détails sur la convention mentale et la formulation des questions. En voici donc.

La convention mentale

Il s'agit d'un code que vous établissez afin de permettre une communication avec votre subconscient.

Par exemple :

- un mouvement circulaire du pendule qui va dans le sens des aiguilles d'une montre veut dire OUI ;
- un mouvement circulaire en sens inverse signifie NON ;
- l'immobilité ou l'arrêt du pendule indique une question imprécise, un doute au sujet de la réponse ou un refus de votre subconscient de vous communiquer la réponse ;
- les oscillations résultent d'un mouvement de départ inculqué volontairement à votre pendule ou bien elles vous montrent une direction à suivre.

Beaucoup de radiesthésistes adoptent ce système de conventions. Mais il n'y a pas de règles absolues.

Le tableau ci-contre vous donne un large éventail d'interprétations pour les différents mouvements.

Convention mentale définitive et temporaire

Pas de radiesthésie sans convention mentale. Établissez clairement une convention mentale pour chaque mouvement de votre pendule. Vous pouvez adopter les conventions ci-dessus mentionnées ou en choisir d'autres.

Giration vers la droite =	OUI, favorable, positif, plus, au-dessus, plein, beaucoup, en bonne santé, vivant, yang, fort, chaud, homme, direction vers la droite, clair, ordonné.
Giration vers la gauche =	NON, défavorable, négatif, moins, au-dessous, vide, pas beaucoup, malade, mort, yin, faible, froid, femme, direction vers la gauche, confus, désordonné.
Oscillation avant-arrière =	OUI, peut-être (que OUI), direction vers l'avant, progrès, position de recherche.
Oscillation droite-gauche =	NON, peut-être (que NON), direction sur les côtés, refus de répondre, blocage, position de recherche.
Oscillation en diagonale vers la droite =	Peut-être que OUI, direction vers la droite.
Oscillation en diagonale vers la gauche =	Peut-être que NON, direction vers la gauche.
Oscillation désordonnée =	Question mal posée, impossibilité de poser la question, situation chaotique ou dangereuse, maladie.
Ellipse =	Généralement sans signification particulière, phase de transition entre une giration et une oscillation, incertitude, manque d'importance de la question.
Immobilité =	Position de recherche, mort, absence de vitalité, maladie, mauvaise question.

La signification que vous donnerez à l'un ou l'autre mouvement n'a pas vraiment d'importance. Par contre, quand vous aurez déterminé votre choix, ne changez plus d'idée. Que ce choix soit définitif !

C'est ce que j'appelle la convention mentale définitive ou convention mentale de base.

Mais vous devez aussi tenir compte des nécessités de votre recherche. A l'occasion, vous aurez peut-être à faire certaines variantes à partir de votre système de base. Vous adopterez alors une convention mentale temporaire.

Par exemple, supposons que d'ordinaire la giration vers la droite signifie OUI et que vous vouliez savoir si la personne que vous recherchez est un homme ou une femme. Vous pourriez alors convenir que, temporairement, la giration vers la droite signifie «homme» et celle vers la gauche, «femme».

Après avoir choisi votre convention, rien ne vous empêche plus de poser une question telle que : «La personne que je recherche est-elle un homme ou une femme ?»

Autre possibilité : si vous cherchez à déterminer à quelle profondeur passe un courant souterrain, vous pourriez convenir qu'une giration équivaut à 1 mètre. Cinq girations signifieraient donc 5 mètres.

Établissez votre système de conventions mentales définitif (ou de base)

Le temps est maintenant venu de trouver votre système de conventions mentales définitif.

1. Très important : trouvez votre position de recherche

Au début de la recherche, votre pendule doit être dans une position neutre appelée position de recherche. Celle-ci varie d'une personne à l'autre.

Pour beaucoup, ce sera tout simplement l'immobilité. Pour d'autres, le pendule en position de recherche fera des ellipses, oscillera en ligne droite dans un sens ou dans l'autre.

Certains radiesthésistes mettront même carrément leur pendule en mouvement au début de leur recherche.

À vous de voir qu'elle est votre position de recherche, en posant la question : «Quelle est ma position de recherche définitive ?». Mais pour cette fois-ci, attendez que le pendule soit complètement immobile avant de poser la question.

2. Le OUI et le NON

C'est la base de votre système. Installez-vous devant le réfrigérateur, avec votre pendule en main. Prenez quelques bonnes respirations. Relâchez les tensions musculaires inutiles.

En vous concentrant sur votre question, demandez : «Suis-je devant le réfrigérateur ?».

En principe, votre pendule devrait vous communiquer une réponse positive par un mouvement spécifique.

Tournez-vous maintenant dos au réfrigérateur et répétez la même question. Votre pendule devrait vous répondre par un mouvement négatif.

Usez de votre imagination et diversifiez ce type d'exercices.

Lorsque vous attendez une réponse, gardez votre mental silencieux. Votre main doit être souple et immobile afin de ne pas contrer les mouvements de votre pendule ou au contraire, de ne pas l'actionner volontairement. C'est votre subconscient qui doit agir et non votre volonté.

Quand vous aurez constaté que le pendule répond toujours de manière uniforme, faites une vérification en procédant en sens inverse. Demandez à votre pendule (ou à votre subconscient) de vous signaler un OUI, et ensuite un NON.

Normalement, le pendule devrait effectuer les mouvements déjà obtenus pour le OUI et le NON.

3. Réponses nuancées

Demandez ensuite à votre pendule comment il indique les nuances suivantes :

- pas de réponses
- peut-être
- question mal posée
- impossibilité de répondre.

Vérifiez à plusieurs reprises si le pendule réagit de manière identique. Si tel est le cas, le contact avec votre subconscient se précise de plus en plus.

Comment formuler les conventions mentales temporaires

Pour choisir des conventions mentales temporaires, choisissez des formules simples et précises. Elles seront ainsi mieux perçues par votre subconscient.

Exemple : «Au moment où mon bras-antenne indiquera la direction de..., le pendule tournera vers la droite».

Attention ! Lorsqu'une convention est temporaire, répétez votre convention mentale à quelques reprises pour bien la fixer dans votre esprit. Vous pouvez alors l'oublier pour concentrer totalement votre pensée sur l'objet de votre recherche et poser votre question.

Dans bien des cas, il est inutile de formuler une question. Il suffit de répéter votre convention mentale temporaire durant toute la durée de votre recherche. Tel est le cas notamment avec une convention mentale comme celle donnée plus haut en exemple.

L'art de poser les bonnes questions

Un journaliste ou un enquêteur compétents savent comment poser les bonnes questions de manière à «forcer la confidence». Ils sont capables d'enchaîner leurs questions de manière à obtenir des réponses claires.

Vous devez en faire autant avec votre subconscient. Si les questions sont mal posées, trop vagues, ce dernier répondra de manière ambiguë. Un exemple simple. Pour une dame qui recherche son amant, vous demandez au pendule : «X... se trouve-t-il à son logement à Paris ?» La dame s'y rend et n'y trouve pas X...

Pourquoi ? Vous avez oublié le facteur temps. X... était peut-être dans son logement au moment où vous avez interrogé le pendule.

Vous auriez pu épargner une déconvenue à cette dame en demandant plutôt : «X... se trouvera-t-il à son logement de Paris dans les cinq prochaines heures ?». La dame aurait eu le temps d'y aller avant que son amant ne parte.

Attention au pouvoir moteur des images !

Certaines recherches ont déjà démontré que lorsqu'un individu observe un visage, il tend inconsciemment à imiter les mimiques perçues sur ce visage. C'est ainsi que des individus partageant le même milieu de vie en viennent à prendre des «airs de famille».

Chez les athlètes, une partie importante de l'entraînement consiste à visualiser un match réussi ou une victoire remportée. Dans certains hôpitaux, on apprend aux enfants à se visualiser en voie de guérison ou encore en parfaite santé.

D'une façon générale, dans différents domaines, on reconnaît de plus en plus l'influence qu'exercent les images mentales ou réelles sur le comportement de l'individu. Et c'est tout aussi vrai en radiesthésie.

Testez le pouvoir moteur des images

L'exercice qui suit vous démontrera que le pouvoir moteur des images influe également sur le comportement du radiesthésiste.

1. Suspendez votre pendule au-dessus de chacune des figures représentées à la page 176.

2. Absorbez-vous mentalement dans ces figures.

3. Attendez dans la plus grande immobilité que votre pendule se mette en marche ou si vous préférez, inculquez-lui un léger mouvement de départ.

Vous pourrez alors observer que votre pendule tend à se déplacer dans le sens indiqué par la flèche.

A cause de ce pouvoir moteur qu'exercent les images sur notre inconscient, il est recommandé de fixer votre regard sur un point fixe lors d'une recherche. Si, par exemple, le regard suit les contours d'une pierre alors que le «penduliste» attend une réponse, le pendule aura tendance à tourner dans le même sens que le regard.

Voir illustrations pages 176 et 177.

Exercice de vérification de la convention mentale avec un diagramme

Vous êtes maintenant conscient du pouvoir perturbant des images. Pour voir si vous pouvez vous en prémunir, vous allez travailler avec le diagramme de la page 178.

Positionnez votre pendule au-dessus du centre. Demandez successivement à votre pendule de vous indiquer le OUI, le NON, le PEUT-ÊTRE, etc.

Si le pendule obéit à votre système de convention mentale définitif, tout va bien.

Puis-je ?

Avant d'entamer toute recherche, demandez à votre pendule : «Puis-je faire cette recherche ?». Ou : «Est-ce le bon moment pour faire cette recherche ?».

C'est là une démarche nécessaire. Toute chose n'est pas bonne à savoir et toute vérité n'est pas bonne à dire.

B. Exercices de sensibilisation avec le pendule

Avec les exercices qui suivent, je vous invite à découvrir une donnée inconnue et vous devrez faire appel à votre subconscient pour la décou-

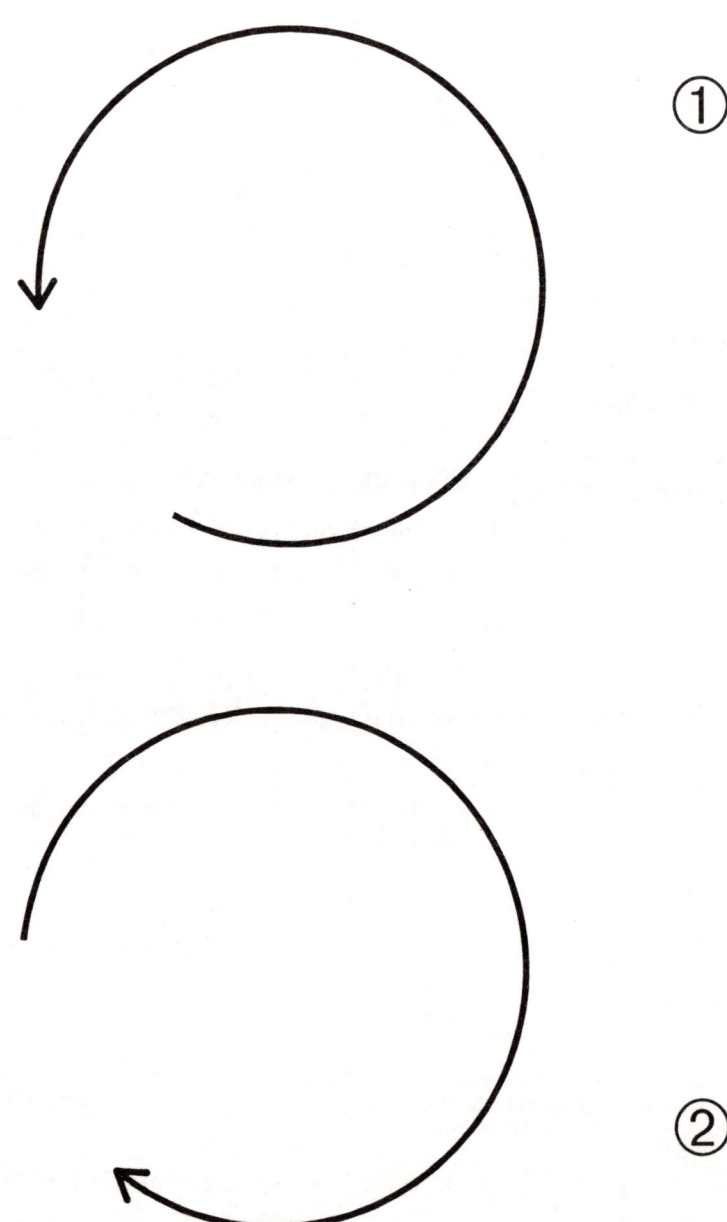

③

④

⑤

⑥

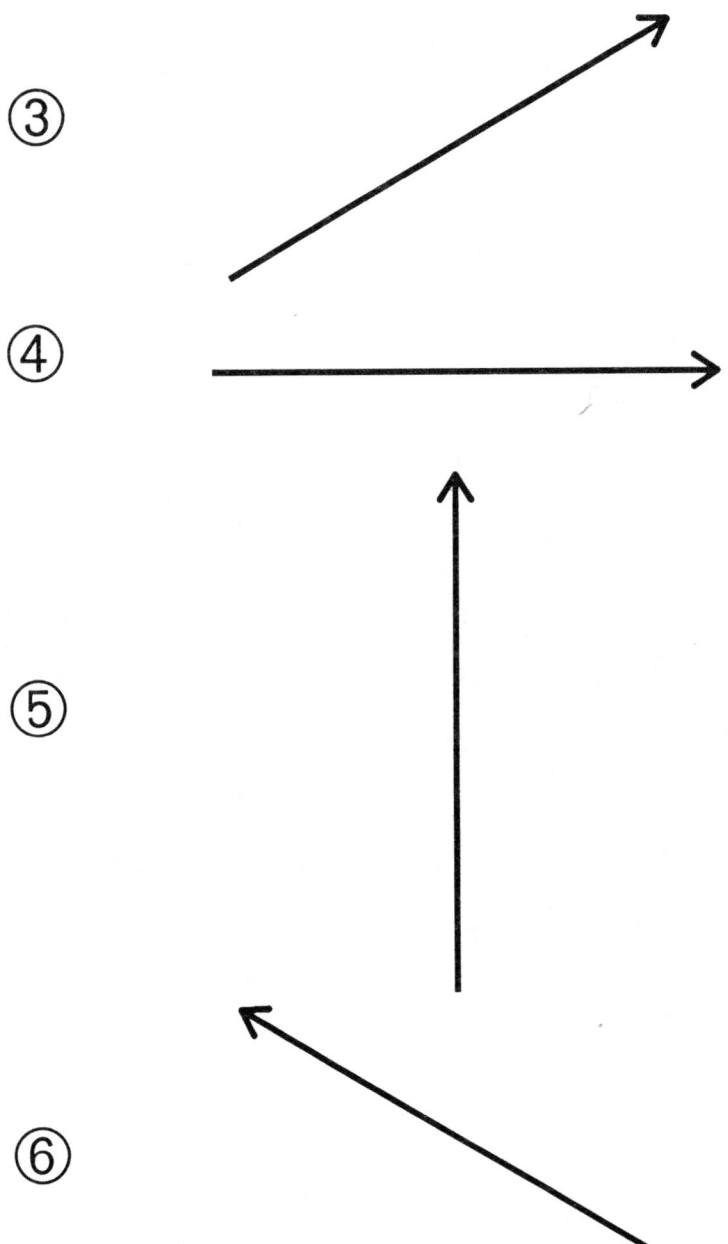

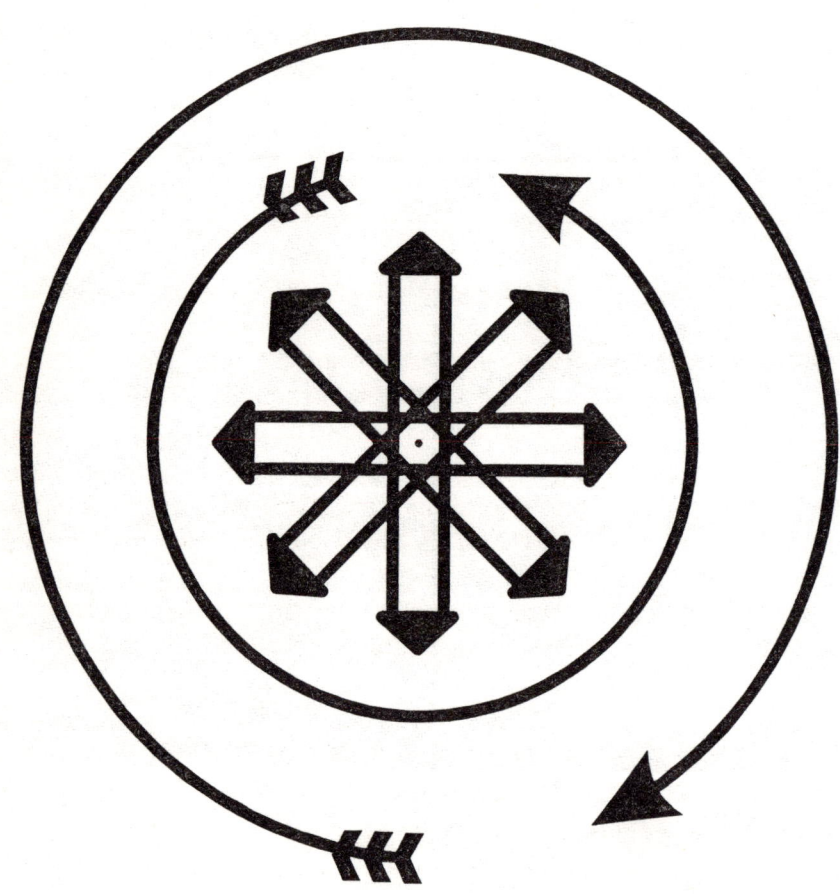

vrir. Cela constitue bien sûr une difficulté supplémentaire mais tout à fait surmontable.

Exercice 1 : Découvrez un chiffre

1. Disposez sur une surface unie, 3 feuilles de carton identiques. Trois cartes de visite par exemple. Sur l'endroit de l'une d'elles, inscrivez un chiffre.
2. Mélangez les cartes et disposez-les l'une à côté de l'autre.
3. Prenez votre pendule en main. Établissez le silence dans votre mental. Concentrez votre esprit sur ce chiffre que vous avez tracé et que vous désirez retrouver. Soyez attentif à tout ce qui est utile à sa recherche, mais oubliez tout ce qui en est extérieur.
4. Placez votre pendule à 2 ou 3 centimètres au-dessus d'une première carte. Formulez votre question. Par exemple, si c'est le chiffre 5 que vous avez tracé, demandez : «Y a-t-il un 5 sous cette carte ?». Si vous le désirez, inculquez un mouvement de départ à votre pendule. Répétez votre question à plusieurs reprises. Attendez au moins 30 secondes avant de tourner la carte pour vérifier la réponse de votre pendule.

Si vous devez poursuivre votre recherche, parce que vous n'avez pas découvert la bonne carte, déplacez doucement votre pendule jusqu'à la carte voisine et recommencez l'opération.

Si votre recherche a échoué, essayez de voir où il y a eu un manque. Vous êtes-vous laissé distraire ? Vos conventions étaient-elles clairement établies ? Aviez-vous des attentes ? Votre concentration était-elle suffisante ?

Quand vous aurez cerné le problème, recommencez l'opération avec un plus grand soin.

Vous pouvez varier cet exercice en recherchant une couleur, un dessin, une lettre, etc. Vous pouvez également augmenter le nombre de cartes.

Exercice 2 : Trouvez un objet caché

1. Choisissez un objet que vous connaissez bien : votre montre, votre bague, votre agenda, etc.
2. Demandez à quelqu'un de cacher cet objet quelque part dans la maison.
3. Après avoir fait le vide mental et vous être placé dans un état de neutralité, établissez votre convention. Ex. : Lorsque mon bras gauche (si vous êtes droitier) indiquera la direction dans laquelle est cachée ma montre, mon pendule tournera dans le sens horaire.
4. Suspendez votre pendule en gardant votre bras et votre main aussi détendus que possible.
5. Pliez le coude de votre bras gauche et indiquez une direction à l'aide de votre main gauche. Fixez votre attention sur l'objet que vous recherchez.
6. Restez au moins une minute dans chaque position.
7. Lorsque votre pendule vous aura indiqué la direction dans laquelle est caché l'objet recherché, marchez lentement dans cette

direction.

8. Placez votre main gauche aux différents endroits où pourrait être dissimulé l'objet (dans un tiroir, sur une bibliothèque, etc.) jusqu'à ce que vous le trouviez.

C. Résumons la progression du travail avec le pendule

1. Décompressez et conditionnez-vous mentalement pour rentrer en transe radiesthésique (auto-hypnose, etc).

2. Prenez votre instrument en main et «sentez-le». Puis adoptez la position la plus confortable.

3. Vérifiez vos conventions mentales de base. Très important à vos débuts !

4. Demandez : «Puis-je faire cette recherche ?»

5. Adoptez si nécessaire une convention mentale temporaire. Répétez-la plusieurs fois mentalement puis, vérifiez si votre instrument réagit bien à cette convention.

6. Posez votre question avec beaucoup de précision. Dans le doute, demandez au pendule si votre question est la bonne.

7. Prenez le témoin en main si nécessaire ou visualisez intensément l'objet de votre recherche.

8. Entamez la recherche.

Première initiation à la baguette

La baguette est une grande dame qui ne se laisse pas facilement conquérir. Il était donc logique que je commence par vous initier au pendule.

Vous pouvez cependant adapter aux 3 principaux types de baguette la méthodologie suggérée dans ce chapitre.

■ Ainsi, il est important que vous trouviez une <u>convention mentale définitive</u> pour l'usage des différentes baguettes. Vous devez également savoir comment adopter une <u>convention mentale temporaire</u> dans le travail avec un type de baguette. (Relisez le chapitre précédent pour vous familiariser avec les interprétations possibles des divers mouvements).

Voici une autre suggestion pour vérifier vos conventions avec la baguette : étendez une corde sur le sol et convenez que «la baguette s'abaissera au moment où sa pointe sera juste au-dessus de la corde».

■ N'oubliez pas de procéder à maintes vérifications de vos conventions.

■ Évaluez aussi comment la baguette peut également être affectée par le pouvoir moteur des images. Avec une craie, tracez sur l'asphalte ou sur un mur, des figures susceptibles de faire bouger les différents types de baguettes.

■ Pour ce qui est des exercices, les exercices mentionnés plus haut (à l'exception de celui avec les pièces de monnaie) s'adaptent fort bien à la baguette.

Ne négligez pas ce travail préliminaire ! Dans le prochain chapitre, vous commencerez à travailler pour de bon avec la baguette - et sur le terrain !

Mais je le répète, avec la baguette, c'est toujours plus difficile. Et si elle vous donne trop de fil à retordre, contentez-vous de travailler pour l'instant avec le pendule.

NB : Le résumé qui précède s'applique tout autant à l'usage de la baguette.

Chapitre 13

ET MAINTENANT
À L'EAU !

Avant d'aller plus loin, je vous propose un petit «retour aux sources» de la radiesthésie, en vous initiant à la «sourcellerie» proprement dite : la recherche d'eau. Même si, par la suite, vous vous dirigez vers un autre type de recherche, cet apprivoisement de l'élément «eau» est essentiel. Elle vous remettra en contact avec le «sens de l'eau», si intimement lié avec l'instinct de survie (voir chapitre 2).

A. Vos premiers exercices pour détecter la présence de l'eau

Voici d'abord quelques exercices préliminaires pour vous sensibiliser à l'eau.

Avec le pendule

Nous commencerons avec le pendule, car la plupart des débutants ont généralement plus de facilité à obtenir des réactions avec le pendule.

Exercice préliminaire pour détecter l'eau

1. Sur une table, placez un verre qui contient de l'eau et un autre qui n'en contient pas. Une distance d'environ 30 cm doit les séparer.

2. Mettez alternativement votre pendule au-dessus de l'un et de l'autre. Posez simplement une question du type : *«Le pendule est- il au-dessus d'un verre contenant de l'eau ?»* ou *«Y-a-t-il de l'eau dans le verre qui est en des-sous du pendule ?»*

Il est très important de voir comment votre pendule réagit en présence de l'eau. Ce premier test vous permet de préciser votre convention mentale.

Exercice du doigt-antenne

Version avec un partenaire

1. Placez 4 verres tout à fait identiques sur une table.

   Puis, prenez une carafe contenant de l'eau et versez-en un peu dans l'un des verres. Laissez la carafe sur la table, à une bonne distance des verres.

2. Demandez à votre partenaire de disposer les verres de manière à ce qu'ils soient bien espa-cés (afin qu'il n'y ait aucune confusion quand vous travaillerez avec le pendule). Ensuite, il devra les recouvrir d'un tissu opaque <u>avec une couleur et une texture uniformes</u>. Pendant ce temps, tournez le dos ou quittez la pièce.

   NB : Il est également possible de recouvrir les verres d'eau avec des contenants parfaitement similaires et non transparents. Vous pourriez même verser l'eau dans un des contenants et le fermer avec un couvercle.

3. Approchez-vous de la table. Trempez votre doigt-antenne dans la carafe d'eau : c'est le contact avec le témoin.

4. Tenez votre pendule d'une main et, de l'autre, pointez successivement le doigt-antenne (mouillé) vers chacun des verres. Répétez mentalement votre convention mentale jusqu'à ce que le pendule réagisse favorablement.

5. Demandez à votre partenaire si vous êtes tombé juste. Sinon, tentez encore votre chance avec les 3 verres restants.

6. Recommencez cet exercice deux ou trois fois depuis l'étape 1. Puis, laissez votre partenaire s'exercer à son tour.

Version en solo

Si vous n'avez pas de partenaire pour l'exercice, procédez comme suit :

1. Sur un plateau rond et large, disposez 4 verres, dont un rempli d'eau. Recouvrez-les ensuite d'un tissu opaque ou de contenants similaires.

   Deux points importants :

   - espacez bien les verres ;
   - placez-les de manière à ce qu'aucun indice visuel ne puisse vous permettre de repérer celui qui contient de l'eau (distance égale entre les verres, même position par rapport à la bordure du plateau, etc.).

2. Faites ensuite tourner lentement le plateau dans un sens puis dans l'autre. Brouillez complètement les pistes. (Même si pour déplacer les verres avec les mains, vous le faisiez au hasard et en gardant les yeux fermés, la différence de poids dans un verre suffirait à vous donner des indices).

3. Procédez ensuite comme il est indiqué plus haut.

Avec la baguette

Vous pouvez adapter les exercices qui précèdent à la baguette.

Exercice du réflexe radiesthésique

1. Même chose que précédemment sauf que la pointe de la baguette doit se trouver au-dessus ou en face du verre d'eau. Cette pointe est l'élément-antenne.

2. Posez une question dans le genre :

   «La pointe de ma baguette est-elle au-dessus d'un verre contenant de l'eau ?»

   ou :

   «Ma baguette pointe-t-elle dans la direction d'un verre contenant de l'eau ?»

3. Attendez le temps qu'il faudra pour que la baguette réagisse. Il est généralement plus difficile d'obtenir une réaction avec la baguette qu'avec le pendule. Mais dès qu'elle aura bougé une première fois, la «glace sera brisée» entre vous et la baguette. Et, par la suite, le réflexe radiesthésique se produira de plus en plus rapidement.

   A vos débuts, répétez souvent cet exercice. N'oubliez pas : il s'agit de développer un réflexe conditionné qui se produise en toutes circonstances.

Exercice de l'effet témoin

Version avec un partenaire

1. Votre partenaire devra disposer les verres en ligne, le long de la table.
2. Ici, vous ne pouvez évidemment pas vous servir de votre doigt-antenne. Pour avoir l'effet témoin, trempez simplement le bout de la baguette dans l'eau.
3. Placez-vous devant un verre de sorte que la pointe de la baguette indique la direction du verre. Posez votre question et voyez si la baguette réagit ou non.

Version solo

1. Si vous travaillez seul, placez encore les verres sur un large plateau rond. Espacez le plus possible vos verres sur le plateau avant de les recouvrir d'un tissu ou de contenants opaques. Comme précédemment, faites tourner le plateau.
2. Trempez le bout de la baguette dans la carafe d'eau.
3. Si la table est petite, vous pouvez en faire le tour. Sinon faites tourner le plateau, pour amener chaque verre devant la baguette.
4. Ici, tenez compte du fait que si vous vous mettez en face d'un verre, la pointe de la baguette pourrait désigner autant le verre qui est devant que celui qui est derrière. Aussi, formulez clairement votre question pour éviter ce risque de confusion.

Ou encore, placez la pointe de la baguette juste au-dessus du verre et spécifiez votre convention mentale dans la question.

Exercice de l'eau salée

Un bon sourcier est capable d'identifier les caractéristiques de l'eau souterraine. Il saura vous dire si elle est potable, empoisonnée, sulfureuse, ferrugineuse, etc.

Vous pouvez vous exercer à la détection spécifique de l'eau avant d'aller sur le terrain. Refaites les exercices précédents en tenant compte des variations suivantes.

■ Versez une quantité d'eau égale dans 4 verres. Dans l'un d'entre eux, jetez un peu de sel. Ici, pas besoin de les recouvrir d'un tissu opaque et uniforme. Si vous avez un partenaire, celui-ci se chargera de bien les mélanger, et si vous êtes seul, il suffit de faire tourner le plateau et de fermer les yeux.

Notez que les sourciers œuvrant dans les régions côtières (comme ma Bretagne natale) doivent pouvoir déterminer si une eau est salée ou non.

■ Remplissez 4 verres avec de l'eau. Versez quelques gouttes de colorant dans l'un des verres. Dissimulez le contenu des verres avec un tissu ou un contenant opaque. Cela fait, tentez de trouver l'eau colorée.

■ Essayez avec d'autres types de substance : limaille de fer, salpêtre, etc.

Méditation sur l'élément «eau»

Très important également : établir une «communion» à la fois physique et psychique avec l'élément «eau». Pour y parvenir :

■ Installez-vous dans un endroit poétique et inspirant où il y a de l'eau : rivière, cascade, étang, etc. Imaginez alors, pendant quelques instants, que :

- vous êtes de l'eau (ce qui, en un sens, est d'ailleurs parfaitement vrai puisque nous sommes tous constitués d'environ 80 % d'eau - y compris notre cerveau) ;
- vous communiquez avec l'«esprit de l'eau» ou la «déesse de l'eau».

■ Lorsque vous prenez un bain ou une douche, prenez aussi conscience de toute cette eau qui est en vous. Sentez l'unité entre l'eau «intérieure» et «extérieure».

■ Méditez aussi sur les différentes qualités ou propriétés de l'eau : fluidité, capacité à prendre toutes les formes (gel et dégel, etc.) et à contourner les obstacles sans obstiner en vaine résistance.

■ Faites également des visualisations (voir chapitre 8) avec l'eau. Visualisez des rivières, des lacs ou des cours d'eau souterrains, des canalisations, l'eau jaillissant d'un puits qui vient d'être creusé, etc.

Vous devez en arriver à un point où vous êtes capable de n'avoir plus qu'une seule chose à l'esprit : l'eau ou la sensation de l'eau. A ce moment-là, la recherche de l'eau devient presque un jeu d'enfant.

B. Sensibilisez-vous à l'eau sur le terrain

Avant d'aller sur le terrain, prenez le temps de «faire vos gammes» avec les exercices précédents. Faites au moins une courte séance de méditation sur l'eau.

Rendez-vous ensuite en face d'une rivière ou d'un ruisseau que traverse un pont. Il est possible de travailler le long de la rivière, mais le mieux est de vous placer sur un pont ou une passerelle qui surplombe le cours d'eau.

Encore ici, vous allez demander au pendule des questions dont vous connaissez déjà la réponse. Cela vous semblera parfois absurde mais rappelez-vous ce principe incontournable : éduquer et renforcer le réflexe radiesthésique pour qu'il devienne un automatisme absolu dépourvu de toute ambiguïté.

Le système de convention mentale que vous définissez peu à peu devra toujours rester le même. Mais ce système doit se construire en collaboration avec le subconscient via les intermédiaires que sont le pendule et la baguette.

Travail avec le pendule

Pour ce type de travail, utilisez un pendule lourd et attendez qu'il n'y ait pas de vent.

Exercice de la rivière

1. Installez-vous sur le pont ou la passerelle au-dessus du cours d'eau..
2. Prenez votre pendule en main et convenez du mouvement que votre pendule fera pour indiquer qu'il y a de l'eau.
3. Posez ensuite la question : *«Y-a-il de l'eau sous mes pieds ?»*

En tenant compte des caractéristiques de la rivière, continuez à interroger le pendule avec des questions telles que :

– *«L'eau de cette rivière est-elle propre ?»*

- *«L'eau de cette rivière est-elle polluée ?»*,
- *«Ce courant est-il rapide ?»*, etc.

Vous pourriez aussi poser des questions auxquelles le pendule peut répondre par une oscillation. Par exemple : *«Vers où coule cette rivière ?»* ou *«Quelle est la direction de cette rivière ?»*

Notez que le pendule - tout comme la baguette - ne fait pas nécessairement la différence entre le parcours général de la rivière et de petites déviations. Si la rivière serpente constamment, n'oubliez pas de préciser votre question avec l'expression «direction générale».

Cependant, pour une première expérience, je crois que le plus simple serait que vous travailliez avec une rivière assez droite.

Exercice de la marche sur l'eau

1. Placez-vous à quelques mètres de la rivière. Établissez votre convention mentale. Par exemple : *«Lorsque je passerai au-dessus de la rivière, mon pendule tournera vers la droite»* (si telle est votre convention pour le OUI).

2. Avancez très doucement vers le cours d'eau en évitant d'induire de faux mouvements à votre pendule. Ne cessez pas de répéter votre convention mentale.

Si votre attention est suffisante, votre pendule devrait demeurer assez immobile jusqu'à ce que vous vous retrouviez au-dessus de l'eau. Il ne devrait commencer à bouger qu'au moment où vous ferez vos premiers pas au-dessus de l'eau.

Durant ces deux exercices, vous constaterez que la réaction de votre pendule sera sans doute plus vive que lors des exercices préliminaires à l'intérieur. Ce n'est pas surprenant : l'inconscient, qui est très sensible à cet élément et aux puissantes forces telluriques, réagit plus vigoureusement.

Travail avec la baguette

Je l'ai déjà dit plus haut. Pour les débutants, ce n'est pas toujours facile de faire réagir la baguette. Néanmoins, sur le terrain, la baguette demeure l'outil idéal.

Pour débuter votre travail de sensibilisation, adaptez simplement l'exercice précédent à la baguette, que ce soit la baguette en Y ou en L.

■ Avec la baguette en Y, il sera inutile de tenir compte du vent (à moins qu'il ne soit vraiment trop fort) et vous serez plus libre de vos mouvements. Avancez quand même assez lentement.

■ Avec la baguette en L, un temps assez venteux est vraiment une contre-indication. Mais la progression n'exige pas autant de prudence qu'avec le pendule.

Avec cette dernière, vous pouvez faire les deux exercices suivants :

Exercice de la direction

Le premier exercice consiste à vous rendre sensible au parcours de la rivière (à ne pas confondre avec le sens du courant). Pour ce faire :

1. Placez-vous sur la passerelle qui enjambe le cours d'eau. Vos épaules sont alignées avec le parcours de la rivière.

2. Gardez bien la partie longue des baguettes parallèle au sol.

3. Posez ensuite la question : *«Quelle est la direction (ou le parcours) de cette rivière ?»*

Normalement, les baguettes vont commencer à se déplacer de telle sorte que l'une d'elles indiquera dans quelle direction est l'aval de la rivière et l'autre, son amont.

Exercice du courant

Vous allez maintenant vous sensibiliser au sens du courant. C'est une question à laquelle doit parfois répondre un sourcier pour des rivières souterraines.

Avec une rivière de surface, vous pourrez vérifier si vos baguettes en L sont capables de «constater» le sens du courant. Pour ce faire :

1. Placez-vous sur le pont ou la passerelle qui traverse la rivière. Encore ici vos épaules sont alignées avec le parcours de la rivière.

2. Posez la question : *«Quel est le sens de cette rivière ?»*

3. Attendez tout le temps qu'il faudra pour que les deux baguettes en L se tournent d'un même côté, de manière à indiquer vers où coule la rivière.

Pour varier un peu l'exercice, tournez-vous un peu sur la gauche ou la droite et voyez si les baguettes en L se repositionnent pour montrer à nouveau le sens dans lequel coule la rivière.

Un petit truc : quand vous vous exercez à vous sensibiliser à la présence de canalisations, faites couler l'eau.

C. Les méthodes pour trouver l'eau sur le terrain

Lorsque les expériences précédentes auront réussi, vous pourrez essayer de vous sensibiliser à la présence d'eau non visible. Enfin, «the real thing !»

Pour mener à bien cette expérience, il est important de pouvoir vérifier vos résultats avec un sourcier ou avec des gens qui savent exactement où se trouvent les sources, les canalisations, etc.

Première méthode (méthode de la triangulation)

- Placez-vous à une extrémité du terrain à étudier.

- Maintenez votre pendule comme indiqué précédemment. Le bras-antenne (c'est-à-dire le bras libre) est tendu parallèlement au sol, tandis que les doigts forment une pointe pour désigner une direction.

- Tournez doucement sur vous-même en vérifiant avec votre pendule s'il y a un point d'eau dans la direction indiquée.

- Lorsque vous avez repéré la direction d'un point d'eau, demandez à votre assistant de placer 3 ou 4 piquets dans cette direction (tout dépend de la grandeur du terrain). Les piquets doivent être placés à une bonne distance l'un de l'autre et bien en vue.

- Allez maintenant vous placer à une autre extrémité du terrain et recommencez les mêmes manœuvres.

- Lorsque vous aurez repéré une autre direction comportant un point d'eau, demandez à votre assistant de marquer cette autre direction, toujours à l'aide de piquets.

■ Le point de croisement des deux lignes formées par les piquets vous indique le lieu approximatif du point d'eau.

■ Déterminez un second champ d'exploration de quelques mètres carrés et ayant pour centre le point de croisement des deux lignes tracées par les piquets.

■ Recommencez le même processus mais à l'intérieur de vos nouvelles limites. Le nouveau croisement obtenu par les deux lignes de piquets devrait vous indiquer d'une façon assez exacte le point d'eau recherché.

■ Vérifiez-le en plaçant votre pendule au-dessus de ce point précis. Posez alors la question suivante : *«Y a-t-il un point d'eau à cet endroit ?»*

NB : Cette méthode fonctionne aussi avec la baguette en Y. La pointe de la baguette est l'équivalent du bras-antenne.

Deuxième méthode

■ Lorsque vous avez trouvé la direction d'un point d'eau, établissez une convention selon laquelle votre pendule vous indiquera par le nombre de tours effectués, la distance qui vous sépare du point d'eau.

Ex. : Un tour de pendule correspond à 1 mètre de distance.

■ Lorsque vous avez obtenu votre réponse, parcourez la distance requise et effectuez une vérification au-dessus du point obtenu.

Troisième méthode

Cette méthode fonctionne autant avec un pendule qu'avec une baguette.

■ Lorsque vous avez trouvé la direction d'un point d'eau, demandez si le point d'eau se situe :
- à moins de 10 mètres de distance
- entre 10 et 20 mètres de distance
- entre 20 et 30 mètres de distance, etc.

■ Lorsque vous aurez une idée approximative de la distance qui vous sépare du point d'eau, interrogez votre pendule à nouveau pour préciser davantage la réponse.

Quatrième méthode

■ Placez-vous à une extrémité du terrain où doit s'effectuer votre recherche.

■ D'une main, maintenez votre pendule comme indiqué précédemment tandis qu'avec l'autre main, vous indiquez une direction.

■ Tournez doucement sur vous-même en vérifiant avec votre pendule s'il y a un point d'eau dans cette direction.

■ Lorsque vous avez repéré la direction d'un point d'eau et que votre assistant l'a marquée avec des piquets, abaissez la main qui vous sert d'antenne vers différents points se situant sur la ligne marquée par les piquets.

■ Explorez cette ligne sur toute sa longueur, depuis la pointe de vos pieds jusqu'au point le plus éloigné du terrain. Pour chacun des points désignés par votre main, vérifiez à l'aide de votre pendule s'il y a un point d'eau.

■ Lorsque vous avez repéré une source d'eau, rendez-vous à cet endroit précis et vérifiez votre recherche.

D. Comment évaluer la profondeur et la qualité de l'eau

Dans les campagnes, il est assez fréquent de rencontrer des sourciers amateurs capables de trouver de l'eau. Mais il est plus rare d'en voir qui savent estimer :

- la profondeur de la nappe d'eau ;
- le débit d'eau (et durant combien de temps, il pourra se maintenir) ;
- la qualité ou la caractéristique de l'eau.

Voici donc les meilleurs trucs pour faire tout cela.

Pour trouver la profondeur de l'eau

Première méthode Comme pour l'évaluation de la distance, vous pouvez obtenir la réponse par élimination.

«L'eau est-elle à moins de 10 mètres de profondeur ?

... entre 10 et 20 mètres de distance ?

... entre 20 et 30 mètres de distance ?, etc.»

Si le pendule ou la baguette indique que l'eau se situe entre 20 et 30 mètres, poursuivez votre investigation :

«L'eau est-elle à moins de 25 mètres ?

... à 24 mètres ?

...23 mètres ?, etc.»

**Deuxième
méthode**

Je l'ai déjà mentionnée plus haut. Vous pouvez décider que chaque giration du pendule correspond à une certaine mesure : 1 m, 10 m, etc.

**Troisième
méthode (la loi de
l'évêque)**

Un évêque de jadis faisant de la radiesthésie, conçut un truc pour évaluer la profondeur de l'eau. On a donc appelé ce truc «la loi de l'évêque». Cette loi se résume ainsi : «la distance parcourue à partir de la verticale du point d'eau est égale à sa profondeur».

Voici comment l'appliquer une fois que vous aurez découvert la localisation précise d'un point d'eau :

1. Après avoir marqué l'endroit sous lequel se trouve le point d'eau, vous vous y positionnez. Dans une direction ou dans l'autre, peu importe.
2. Adoptez la convention mentale temporaire formulée ainsi : *«Au moment où j'aurai parcouru une distance égale à la profondeur du point d'eau ma baguette s'abaissera.»*
3. Avancez-vous lentement dans la direction où vous êtes positionné jusqu'à ce que la baguette réagisse.
4. Marquez cet endroit et calculez la distance parcourue.

**Quatrième
méthode**

Si vous travaillez avec la baguette, vous pourriez notamment convenir qu'un coup de talon équivaut à 1 m. Si la baguette «saute» au cinquième coup de talon, l'eau est à 5 m.

**Cinquième
méthode**

Il est également possible de travailler avec une règle et un pendule (voir chapitre suivant).

Pour mesurer la quantité d'eau

Les méthodes 1-2-4-5 que je viens d'expliquer fonctionnent aussi très bien pour évaluer le débit de l'eau.

Simplement, modifiez vos conventions mentales en conséquence.

Pour déterminer la qualité de l'eau

Le pendule ou la baguette peuvent répondre à toutes les questions que vous poserez sur la salubrité de l'eau ou ses caractéristiques minérales (eau ferrugineuse, etc.).

Pour faciliter votre travail, vous pouvez travailler avec des témoins. Dans ce cas, il s'agit d'éprouvettes contenant différents types d'eau.

E. Encore plus sérieux : la téléradiesthésie

Lorsque vous n'êtes pas sur les lieux, vous pouvez employer une carte, un plan ou une photographie aérienne. C'est ce qu'on appelle la téléradiesthésie.

Par ce procédé, vous pouvez non seulement prospecter de l'eau à distance, mais aussi en déterminer le débit et les caractéristiques.

Pour le travail sur carte ou sur plan, la méthode de la triangulation convient fort bien. Remplacez simplement les piquets par une règle.

Nul besoin d'être près du lieu concerné pour utiliser un plan. Par la téléradiesthésie, vous pouvez même détecter de l'eau sur un autre continent.

Le radiesthésiste peut recourir à cette méthode pour économiser du temps et de l'énergie. Les recherches sur le terrain étant assez fatigantes.

La téléradiesthésie s'emploie aussi pour retrouver une personne disparue ou un objet perdu, grâce à un témoin.

Si vous avez perdu un document, un bijou ou vos clés dans la maison, tracez un croquis des pièces et placez le pendule au-dessus de chacune d'elles. Le pendule découvrira dans quelle pièce l'objet se trouve.

La téléradiesthésie s'applique à tous les domaines de recherche en radiesthésie.

Chapitre 14

AU-DELÀ DU OUI ET DU NON

Vous avez maintenant franchi l'étape la plus difficile de votre apprentissage. Le temps est maintenant venu d'élargir votre éventail d'outils d'investigation.

De prime abord, le pendule ou la baguette répondent surtout par OUI ou par NON. Mais vous connaissez déjà certains moyens pour obtenir d'autres types de réponses.

Au chapitre précédent, vous avez vu par exemple, comment procéder par élimination avec des questions telles que : «Le tuyau passe-t-il à une profondeur qui se situe entre 2 et 3 mètres ?».

Si la réponse est OUI, vous demandez alors s'il se situe entre 2,50 mètres et 3 mètres. Et ainsi de suite jusqu'à l'obtention du chiffre.

En jouant de cette manière avec le OUI et le NON ou en adoptant des conventions mentales temporaires, vous finirez pas obtenir des données précises et complexes dans la plupart des champs d'investigation radiesthésique.

Néanmoins, dans certaines formes de recherches cela peut prendre du temps, voire même ne pas vous donner toute la précision souhaitée.

Heureusement, il y a moyen de contourner la difficulté avec certaines méthodes qui vous permettront d'obtenir tout de suite des chiffres très précis ou des nuances subtiles.

La méthode de la règle à mesurer

Les règles à mesurer sont un moyen fort pratique pour interroger le pendule quand vous souhaitez recevoir rapidement une réponse chiffrée. Rien de plus facile que de trouver une petite règle à mesurer.

Vous aurez alors le choix de procéder selon la technique de l'oscillation ou du doigt-antenne.

Avec l'oscillation

Vous pouvez facilement vous faire une petite règle graduée selon vos propres besoins. Mais de façon générale, une échelle de 10 centimètres est l'idéal.

Le chiffre 10 est fort commode car :

- il peut autant s'appliquer aux unités qu'aux dizaines, aux centaines, aux milliers, etc. ;
- une règle de cette taille tient compte des possibilités oscillatoires du pendule ;
- l'espace entre deux marques est suffisamment large pour ne pas engendrer de confusion.

Méthode 1

1. En un premier temps, vous établissez votre convention mentale, en déterminant la valeur réelle des chiffres indiqués sur la règle. Par exemple :

   1 centimètre = 1 mètre ou 10 mètres

1 centimètre = 100.000 francs

2. Vous recourez ensuite à la méthode de l'oscillation. Pour ce faire, vous laissez pendre votre pendule à 3 centimètres de la réglette vis-à-vis du milieu (le chiffre 5, dans le cas d'une règle de 10 cm).

3. Vous posez votre question et la direction dans laquelle oscille le pendule indique la réponse chiffrée.

4. S'il y une certaine ambigüité ou si vous souhaitez une réponse au 1/4 de centimètre près, placez le pendule en face de la zone désignée par le pendule. Reposez votre question.

Méthode 2

1. Comme dans la méthode 1, vous établissez une convention mentale pour chaque chiffre de la règle.

2. Cette fois-ci, vous vous placez au-dessus de la règle à l'endroit du 0.

3. Vous posez votre question et si tout se passe bien, le pendule oscillera le long de la règle jusqu'à un chiffre en particulier.

(Un petit truc : il y a moyen de placer une lampe à gauche ou à droite de la règle de telle sorte que le pendule fasse une ombre en oscillant. Si vous placez bien la lampe, l'ombre du pendule sera très nette. Et en se déplaçant directement sur la règle, elle indiquera encore mieux la marque chiffrée que le pendule lui-même.)

4. En cas d'ambigüité ou par souci de précision, vous pouvez faire comme à l'étape 4 de la

méthode précédente. C'est-à-dire placer le pendule en face de la zone désignée par le pendule, puis reposer votre question.

Exercice 1 : recherche d'un nombre simple

Au début, exercez-vous avec des chiffres déterminés à l'avance.

1. Pensez intensément au chiffre 5, par exemple.
2. Positionnez-vous puis, laissez le pendule osciller peu à peu vers le chiffre 5.
3. Recommencez cet exercice de base aussi longtemps qu'il le faudra pour que votre pendule réagisse avec précision et célérité.
4. Exercez-vous ensuite avec des valeurs intermédiaires : 5, 50, etc.

Exercice 2 : recherche d'un nombre à plusieurs chiffres

Comme je l'ai dit plus haut, pour des raisons de commodité, le mieux est de prendre une règle de 10 centimètres au maximum. Dans certains cas, c'est même indispensable.

Ainsi, lors d'une recherche qui exige une très grande précision et qui a pour but de trouver un nombre comprenant 3 chiffres ou plus (par exemple une date comme 1553), vous pourriez procéder comme suit.

1. Vous savez déjà que l'événement est survenu au cours du deuxième millénaire après Jésus-Christ. Vous savez donc que le premier chiffre de votre date est 1, mais vous n'êtes pas certain de quel siècle il s'agit.
2. Vous allez alors demander au pendule de vous indiquer dans quel siècle du deuxième millé-

naire après Jésus-Christ s'est produit l'événement.

3. Une fois cela obtenu, demandez dans quelle décennie de ce siècle.

4. Puis, demandez dans quelle année de cette décennie.

Avant de demander au pendule ce que vous ignorez, exercez-vous d'abord avec une date qui vous est familière. Essayez de vérifier par exemple votre date de naissance ou en quelle année Christophe Colomb est arrivé en Amérique (1492 évidemment !).

Avec le doigt-antenne

Ici, on en revient à la méthode du OUI ou NON mais en plus direct et plus précis. Avec cette méthode, peu importe la longueur de la règle, mais le mieux est de vous en tenir à une règle de 30 centimètres.

Pour procéder :

1. Comme précédemment, vous déterminez une valeur-symbole à chaque unité (1 centimètre = 1 mètre, etc.).

2. Tout en énonçant votre question ou votre convention mentale, passez lentement le doigt-antenne le long de la règle jusqu'à ce que le pendule réagisse par l'affirmative. Arrêtez-vous 7 à 8 secondes sur chaque marque.

Possibilités d'application :

La règle s'applique pour toutes formes de recherches exigeant de trouver un chiffre.

Pour la recherche à l'extérieur, ce genre de méthode convient moins bien, étant donné qu'elle est basée sur le pendule. Comme nous l'avons vu, la baguette est préférable à l'extérieur.

La méthode des diagrammes

Sur les diagrammes, vous pouvez indiquer diverses catégories ou sous-catégories de réponses. Il existe essentiellement 3 types de diagrammes :

- les diagrammes-tableaux
- les diagrammes-dessins
- les diagrammes-cadrans en cercle ou en demi-cercle.

Les diagrammes-tableaux

Dans certaines disciplines comme la radiesthésie psychologique ou médicale, il est important de pouvoir passer en revue de longues listes de symptômes ou de remèdes.

Vous pouvez alors vous servir de diagrammes-tableaux où toutes vos données sont présentes pour établir un diagnostic ou faire une prescription (voir chapitre 20).

Veillez à ce que chaque élément soit placé à l'intérieur d'une case afin qu'il soit bien isolé des autres. De cette façon, vous serez certain que le pendule réagit bel et bien en fonction de cet élément lorsque vous placez votre doigt-antenne dessus.

Ces diagrammes-tableaux peuvent aussi s'utiliser dans de nombreux domaines comme la mécanique, la prospection minière, l'orientation professionnelle, etc.

Dans la méthode du diagramme-tableau, vous gagnerez du temps en sélectionnant d'abord la colonne ou la grande catégorie dans laquelle se trouve votre réponse.

Supposons par exemple, que votre tableau se divise en 5 colonnes qui équivalent chacune à une catégorie bien précise.

Dans ce cas :

1. Vous placez successivement le doigt sur chaque en-tête de colonne jusqu'à ce que le pendule réagisse par l'affirmative.
2. Si le pendule vous désigne la colonne 3, vous explorez ensuite une à une les données de cette colonne sans plus tenir compte des autres.

Les diagrammes-dessins

Les diagrammes-dessins sont particulièrement employés en radiesthésie médicale. Dans ce cas, ce sont tout simplement des planches anatomiques.

Le doigt-antenne se déplace jusqu'à ce que le pendule réponde par l'affirmative.

Vous pourrez aussi employer des diagrammes-dessins dans le domaine de la mécanique. Dans ce cas, vous travaillerez sur le plan technique de la voiture ou de l'appareil à réparer.

Les diagrammes-cadrans en cercle et en demi-cercle

Beaucoup d'auteurs proposent aussi des diagrammes circulaires.

Les diagrammes circulaires se divisent en sections formées par les rayons qui partent du centre. Dans chacune de ces sections, vous inscrivez les diverses catégories propres au sujet d'investigation : types de défauts, types de maladies, etc.

Pour pratiquer cette méthode, vous placez votre pendule au centre du cercle et vous attendez qu'il commence à se balancer dans une certaine direction.

Certains radiesthésistes jugent même bon d'induire un mouvement circulaire au pendule et d'attendre ensuite qu'il s'arrête de tourner et commence à osciller dans une certaine direction.

En principe, la direction de l'oscillation indiquera directement la réponse sans avoir à passer en revue une à une toutes les données inscrites dans le diagramme.

En ce sens, c'est une méthode beaucoup plus rapide que la méthode du diagramme-tableau ou du diagramme-dessin. Mais comme nous allons le voir, elle a ses inconvénients.

Un cadran en demi-cercle est préférable à un cadran en cercle

La technique de l'oscillation sur un plan circulaire est notamment utilisée par certains pour s'orienter en forêt. La personne imagine en quelque sorte, qu'elle se trouve au centre d'une boussole géante (voir aussi chapitre 18).

Mais, comme le faisait remarquer Maurice Le Gall, cette méthode :

■ d'une part, «...définit une direction par un plan d'oscillation, ce qui la définit très mal puisque le même plan peut indiquer aussi bien le nord que le sud.»*

■ d'autre part, «...ne tient pas compte d'un fait physiologique qui a échappé à presque tous les auteurs radiesthésiques : les oscillations du pendule, causées par les mouvements de la main, ne se produisent pas avec la même facilité dans toutes les directions. Il y a là une

---

* In *Toute la radiesthésie*, p.70.

cause d'erreur qui, à elle seule, doit condamner cette (...) méthode.»*

Cette critique vaut également pour les diagrammes circulaires. L'utilisation d'une charte en demi-cercle évite donc :

- d'avoir une direction d'oscillation unique qui crée une ambigüité
- et de limiter dans la main et le bras les contraintes musculaires qui affectent le pendule.

Concernant le dernier point, j'ajouterai même que le demi-cercle n'est pas tout à fait idéal. Car même s'il y a une nette amélioration par rapport au cercle complet, la liberté de mouvement pour le pendule n'est pas totale. Il serait donc mieux d'éliminer 15 à 20 degrés de chaque côté du demi-cercle. Vous aurez ainsi un diagramme qui ressemblera à celui ci-contre.

Exercice avec un diagramme en demi-cercle

Imaginons par exemple, que vous avez oublié votre nouveau numéro de téléphone.

1. Dessinez un demi-cercle divisé en 10 sections partant du centre. Celles-ci serviront à loger les chiffres de 0 à 9.
2. Positionnez le pendule au-dessus du centre.
3. Demandez alors successivement au pendule : *«Quel est le premier/deuxième/troisième/etc. chiffre de ce numéro de téléphone ?»*

Votre pendule a-t-il réagi avec justesse ? Bravo !

---

* In *Toute la radiesthésie*, p.70.

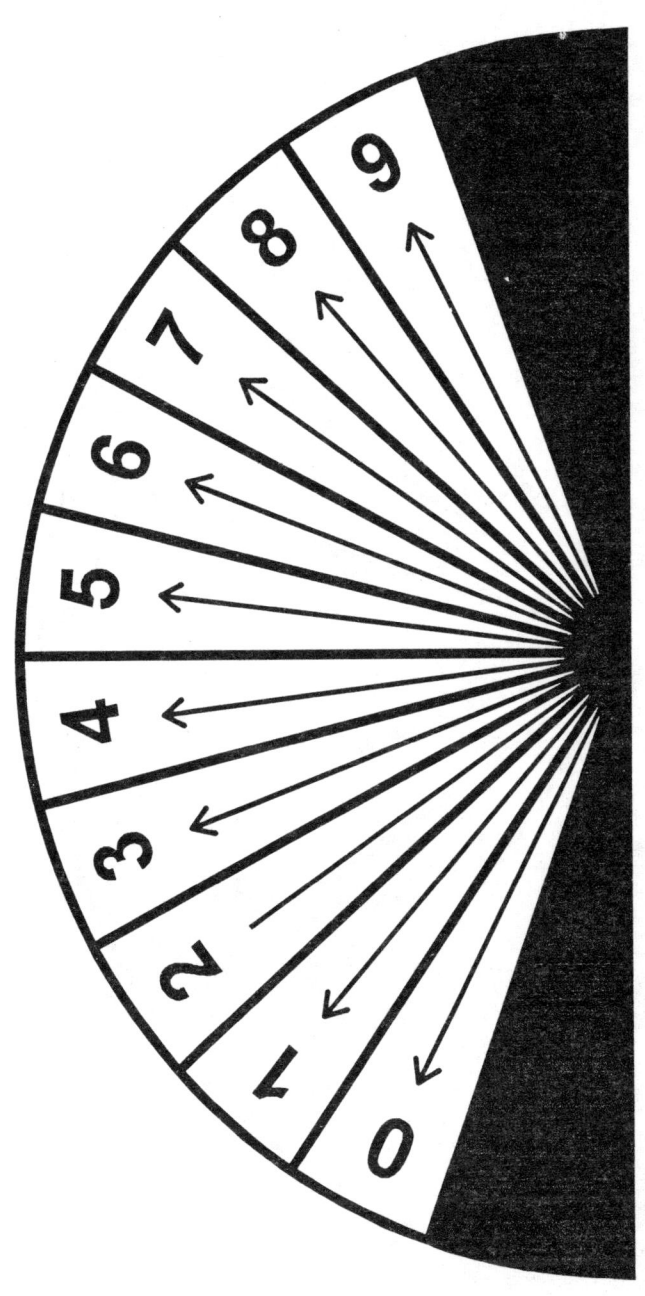

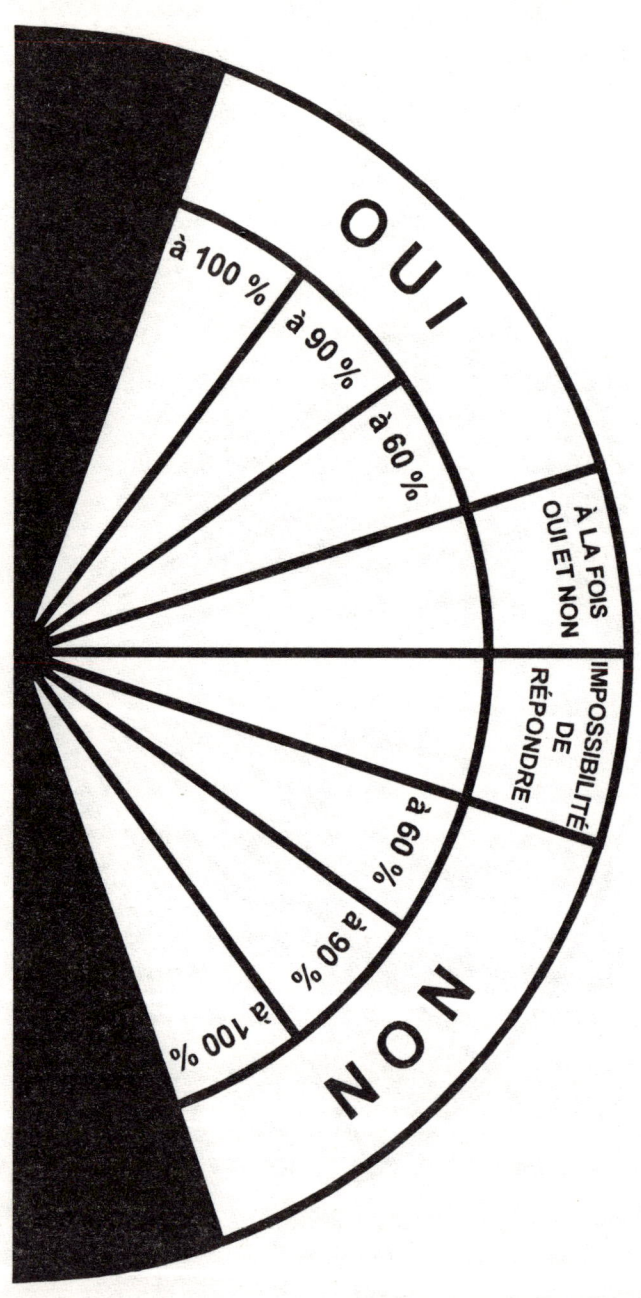

En pratiquant régulièrement cet exercice avec des numéros de téléphone que vous connaissez bien, vous éduquerez votre réflexe radiesthésique. Continuez jusqu'à ce que vous soyez satisfait de la vitesse de réponse et de l'exactitude du pendule. Par la suite, appliquez votre nouveau talent à des numéros que vous ne connaissez pas.

Cette technique peut servir à trouver n'importe quel numéro, y compris celui de votre compte en banque ou de votre coffre-fort.

Les diagrammes avec des degrés d'affirmation et de négation

Une autre manière d'obtenir des réponses nuancées serait de travailler avec un diagramme indiquant différents degrés d'affirmation ou de négation.

– OUI à 100 %
– NON à 100 %
– OUI à 60, 75, 90 %
– NON à 60, 75, 90 %
– à la fois OUI et NON
– impossibilité de répondre

Mis sous forme de diagramme, cela vous donnera le dessin page ci-contre.

La méthode des fiches ou des cartes

Il n'est pas toujours possible d'avoir des diagrammes qui couvrent tous les champs d'investigation. Pour remédier à cela, je vous suggère le truc que mon ami Hafiz m'a enseigné il y a longtemps.

1. Supposons que vous vouliez savoir si un certain projet sera accepté par votre client. Évitez de poser la question en termes de OUI ou

NON. Prenez des cartes de visite ou des fiches, puis inscrivez sur chacune d'elles les nuances suivantes (ou toute autre possibilité que vous envisagez) :

OUI sans aucune réserve

OUI mais avec certaines réserves

NON sans appel

NON mais avec possibilité de vous reprendre

2. Retournez vos cartes et mélangez-les soigneusement. Puis placez-les sur la table, toujours retournées de manière à ce que le côté écrit ne soit pas visible.

3. Avec le pendule, choisissez la carte qui répond à votre question.

4. Imaginons alors que le pendule a choisi la carte où il est inscrit : «OUI mais avec certaines réserves». Dans ce cas, répertoriez toutes les raisons qui pourraient expliquer cette attitude de la part de votre client. Cette phase est importante car elle fait aussi appel à votre intuition.

Puis, marquez chacune de ses raisons sur une carte.

5. De nouveau, retournez les cartes, mélangez-les et disposez-les sur la table, le côté écrit étant toujours dissimulé.

6. Avec le pendule, sélectionnez la réponse.

7. Poursuivez avec d'autres sous-questions, si nécessaire.

Commencez à pratiquer cette méthode une fois que vous serez suffisamment aguerri en matière de radiesthésie. Sinon cela ne serait qu'un simple choix au hasard, un équivalent du pile ou

OUI
sans aucune réserve

OUI
**mais avec
certaines réserves**

NON
sans appel

NON
**mais avec possibilité
de vous reprendre**

OUI
sans aucune réserve

OUI
mais avec
certaines réserves

NON
sans appel

NON
mais avec possibilité
de vous reprendre

OUI
sans aucune réserve

OUI
mais avec certaines réserves

NON
sans appel

NON
mais avec possibilité de vous reprendre

OUI
sans aucune réserve

OUI
mais avec
certaines réserves

NON
sans appel

NON
mais avec possibilité
de vous reprendre

face (quoique certains pourraient alléguer qu'il n'y a pas de hasard !).

Cette méthode a l'avantage que vous ne pouvez avoir aucune idée de la réponse puisque vous ne savez pas ce qui est inscrit sur les cartes (ou les fiches). Elle vous contraint donc à une neutralité absolue et permet de contourner les risques de subjectivité, lorsque vous êtes au centre de la question.

Très important : la vitesse du pendule

Pour obtenir des réponses nuancées, observez également la vitesse du pendule lorsqu'il tourne ou oscille. Tout dépend bien sûr, de votre convention mentale de base, mais, de façon générale, la vitesse de tournoiement ou d'oscillation du pendule constitue une indication supplémentaire à ne pas négliger.

Par exemple, si le pendule tourne vers la droite à un rythme modéré (mais non hésitant), vous pourriez interpréter cela comme un OUI à 75 ou à 60 %. Par contre, un tournoiement très rapide indiquerait alors qu'il y a beaucoup d'intensité ou d'énergie dans ce OUI. C'est un OUI à 100 %. Plus aucun doute !

En radiesthésie médicale, la vitesse de giration ou d'oscillation peut se révéler particulièrement significative.

Notez que, dans certains cas, la vitesse d'oscillation ou de tournoiement pourrait aussi indiquer la différence entre un OUI ou un NON.

PARTIE 3

APPLICATIONS DE LA RADIESTHÉSIE

Chapitre 15

VISITEZ L'INTÉRIEUR DE L'ÊTRE

A. Apprenez à lire les personnalités

L'utilisation de la radiesthésie pour la connaissance du caractère est assez récente. Mais les radiesthésistes ont vite compris tout le potentiel qu'ils pourraient tirer de cette forme de travail.

La radiesthésie psychologique ou psychoradiesthésie est désormais une discipline à part entière qui peut déboucher sur un travail de consultant. Et, tout comme d'autres cherchent des sources d'eau, vous pourriez aider des gens à trouver en eux des sources d'énergie et de sagesse.

Plusieurs se contentent d'utiliser la radiesthésie à titre de technique complémentaire dans leur travail thérapeutique. Cette approche est également fort valable.

Exercices préliminaires

Avant de sonder les profondeurs de l'âme humaine, exercez-vous «en surface». Nous allons donc commencer par une expérience simple : deviner le sexe d'une personne.

Exercice de la photo coupée en 2

1. Découpez dans un journal une photo d'homme et une de femme. (Attention : chaque photo ne doit montrer qu'une seule personne afin de ne pas embrouiller inutilement votre brave subconscient)
2. Cela fait, découpez ces photos en 2.
3. Placez ces 4 demi-photos dans des enveloppes similaires et opaques. Rien ne doit permettre de pouvoir les différencier de l'extérieur, pas même une petite tache (votre subconscient pourrait y être sensible).
4. Avec le pendule, essayez alors de reconstituer les photos.

Exercice de la photo coupée en 4 ou en 8

Exercice similaire au précédent, mais cette fois-ci compliquez-vous la tâche en coupant les photos en 4, puis en 8.

Exercice des 3 hommes et des 3 femmes

Toujours même exercice, mais cette fois-ci vous partez de 3 photos d'homme et de 3 photos de femme. Chacune est coupée en 2.

Choisissez un système d'analyse ou créez votre propre système

Vous réussissez assez bien les exercices précédents ? Allons donc maintenant un peu plus en profondeur.

En caractérologie, il existe de nombreux systèmes d'analyse ou de classification des personnalités. Choisissez celui qui vous convient le mieux et disposez-en les principales données sous forme d'un diagramme-tableau ou d'un diagramme-cadran.

Voici d'ailleurs, ci-contre, un exemple de dia-gramme-cadran basé sur l'une des grilles caractérologiques les plus connues.

Vous pouvez également recourir à une échelle chiffrée pour évaluer le degré ou l'intensité de chaque caractéristique.

Rien ne vous empêche de fonder votre propre système. L'important est que votre système de catégories et de sous-catégories inclue les princi-pales variantes psychologiques de l'être humain.

Pour une étude à distance en l'absence de la personne, il est toujours souhaitable - du moins au début - d'avoir un témoin très «parlant». Une photo <u>récente</u> est l'idéal.

En plus, vous pourriez utiliser des photos de votre client à différents âges pour élucider cer-tains aspects plus anciens de sa personnalité.

Notez qu'il existe d'ailleurs un nouveau cou-rant en psychothérapie qui s'appelle la photo-thérapie. Cette forme de thérapie met à profit les réminescences spontanées qui jaillissent en regar-dant de vieilles photos.

B. Comment découvrir l'origine de vos maux

Pour faire de la bonne radiesthésie, il est im-portant de vous connaître.

Idéalement, votre esprit doit devenir un miroir parfait qui ne déforme rien lorsque vous exercez votre faculté radiesthésique.

Lorsqu'il n'y a plus aucune interférence d'or-dre intellectuel ou psychologique, le réflexe radiesthésique peut alors se produire dans toute sa pureté et sans ambigüité.

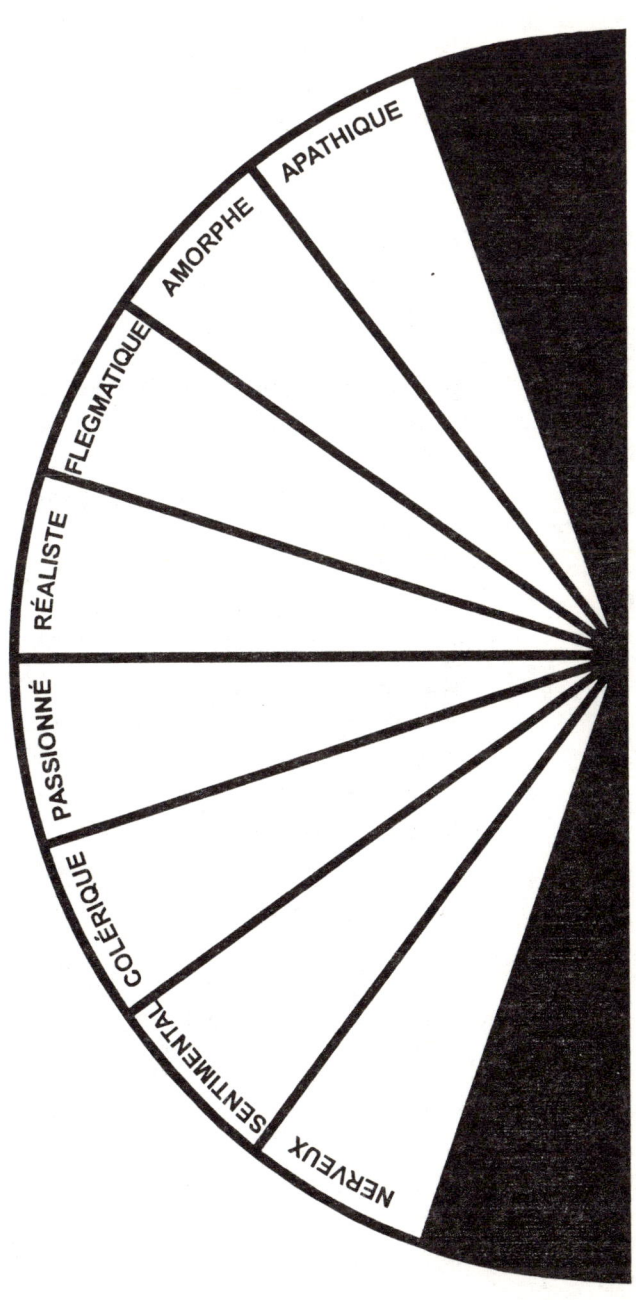

En ce sens, le pendule lui-même peut aussi vous aider à mieux «penduliser» si vous l'interrogez à propos de vous-même, dans le cadre d'une séance de psychoradiesthésie.

Comment procéder : deux méthodes

Depuis que vous êtes au monde, votre subconscient vous accompagne et il a tout emmagasiné : traumatismes, conflits familiaux, carences émotives, etc. Car, si vous avez oublié votre venue au monde et les 3 ou 4 premières années qui l'ont suivie, votre subconscient, lui, ne les a pas oubliées.

Bien caché au fond de vous, il détient la clé de vos comportements envers vous-même et envers les autres.

La plupart du temps, les problèmes d'ordre psychologique remontent à l'enfance. C'est le cas des phobies, des manies ou de certaines allergies. Des problèmes comme l'alcoolisme peuvent aussi être liés à un contexte familial.

Quant aux complexes - d'infériorité, notamment -, ils reposent sur une image faussée de vous-même qui s'est construite au fil des ans.

En découvrant l'origine profonde de vos difficultés - et c'est possible avec la psychoradiesthésie -, vous pouvez les atténuer ou les éliminer.

La psychoradiesthésie se fait généralement au moyen du pendule*, après avoir procédé à une séance d'auto-hypnose. Après cela, il ne vous

---

* Mais rien n'interdit l'usage de la baguette, en tous les cas avec la première méthode.

reste plus qu'à utiliser successivement ou isolément les deux méthodes suivantes.

La méthode des questions «ad lib»

Vous pouvez vous laisser porter par l'inspiration et poser des questions et sous-questions au fur et à mesure que les prises de conscience s'opèrent.

Comme pour toute recherche radiesthésique, vos questions doivent être très claires. Mais commencez par poser la question rituelle : *«En ce moment, puis-je essayer d'en savoir plus sur moi-même avec le pendule ?»*

Dans l'affirmative, demandez ensuite à votre pendule si un événement en particulier se rattache au problème qui vous préoccupe.

Cherchez alors à déterminer l'âge que vous aviez quand l'événement s'est produit.

«Ce problème a-t-il pris racine quand j'avais moins de 10 ans ?» «Moins de 5 ans ?» etc.

Puis, déterminez si vous étiez seul ou avec d'autres :

- *«Y avait-il quelqu'un avec moi ?»*

- *«Mes parents étaient-ils présents ?»*

- *«Était-ce à l'école ?» «À la maison ?»*

- *«À quelle période de l'année cela s'est-il produit ?» «Était-ce pendant l'été ?» «Pendant l'hiver ?»*

Vos réponses vous guideront quant aux autres questions qui peuvent vous aider à cerner l'événement. Une fois que vous aurez procédé à cette séance de radiesthésie un peu spéciale - puisqu'il s'agit de vous, et de vous seul - il se pourrait que votre problème soit en partie résolu.

Le seul fait de comprendre la source de vos souffrances peut entraîner leur fin. Vous pouvez répéter l'exercice s'il reste encore des points obscurs, ou si des questions relatives au problème surgissent par la suite.

La méthode du tableau des associations mentales

Si vous souhaitez aller plus encore en profondeur ou si la méthode ne vous convient pas, voici une autre méthode d'investigation fort pratique.

1. Avec la question rituelle, demandez à votre subconscient la permission d'en savoir plus.
2. Puis, selon la méthode du brain-storming ou de l'écriture automatique, jetez sur papier tous les mots qui ont un puissant impact neuro-affectif sur vous. Si nécessaire, écrivez le mot sous sa forme enfantine ou familière ou carrément vulgaire.

Inscrivez même des bouts de phrases qui vous reviennent à l'esprit.

3. Faites ensuite un tableau comme ci-contre.
4. Posez ensuite la question suivante : *«À quel âge s'est produit l'événement marquant qui explique mon problème ?»* Avec votre doigt-antenne, passez en revue chaque case de la colonne «période».
5. Cherchez ensuite les mots-clés les plus explicatifs, les plus positifs, les plus négatifs, etc.
6. À partir de certains mots qui vous affectent plus particulièrement, procédez par la méthode des questions «ad lib».

Remarque :

On rentre ici dans un aspect très subjectif de la radiesthésie. Une véritable neutralité est-elle

Période	Mots-clé		
Avant la naissance	papa	Viol	sois gentil
1 an	maman	sodomiser	fleur
2 ans	nom du frère	peur	araignée
3 ans	nom de la sœur	accident	serpent
		voiture	
4 ans	nom d'un membre de la parenté	humiliation	qu'est-ce que j'ai fait au bon Dieu...
5 ans		homosexualité	imbécile
6 ans	vagin	désespoir	gare
7 ans	pénis	abandon	escalier
8 ans	naissance	jardin	etc.
9 ans	sexualité	femme	
10 ans et plus	inceste	homme	

possible ? Difficile à dire. L'important est que cela produise de puissantes prises de conscience. La subjectivité a sa propre réalité.

Toutefois, il est possible que cet exercice vous perturbe temporairement, étant donné qu'il peut faire remonter à la surface des choses pénibles auxquelles vous n'aviez pas pensé depuis longtemps. Mais c'est souvent le prix de la délivrance. Donc, ne vous inquiétez pas : votre recherche de la vérité sera récompensée.

De toute façon, ne voyez pas dans cette méthode une technique thérapeutique, mais plutôt un outil diagnostique. Si vraiment les prises de conscience vous troublent trop, il y aurait sans doute lieu de consulter un thérapeute.

C. Découvrez vos talents ou celui des autres

Outre la possibilité d'en savoir plus sur vous-même ou sur les autres, la radiesthésie vous offre aussi la possibilité de faire les choix scolaires ou professionnels les plus judicieux.

Un jour, une dame vint me consulter. Elle tenait à savoir si sa jeune fille Julie allait devenir médecin et si elle possédait toutes les dispositions nécessaires pour se diriger vers cette carrière.

Je demandai au pendule si sa fille avait un réel désir de faire sa médecine. Il me répondit non.

Je pris alors un diagramme comprenant une liste complète des professions et je le parcourus avec mon doigt-antenne, le pendule dans l'autre main.

Au mot «notariat», le pendule entra en action.

Je lui demandai cette fois : *«Julie a-t-elle les qualités nécessaires pour devenir notaire ?»*. Il me répondit oui.

La dame ne savait trop quoi penser de cette idée et je lui conseillai alors d'en parler à sa fille.

Quelques temps plus tard, elle me téléphona pour me remercier. Sa fille, qui n'avait jamais songé à étudier dans cette branche, avait immédiatement été emballée par l'idée. Déjà, elle avait fait sa demande d'admission et avait réussi les examens d'entrée. On m'a raconté d'ailleurs récemment qu'elle est un notaire très coté.

Pour ce genre de recherche, faites-vous des diagrammes à usage universel intégrant le plus de catégories et de sous-catégories professionnelles. Vous gagnerez beaucoup de temps. (Pour plus de détails sur les diagrammes, voyez le chapitre 14.)

Cependant, il est nécessaire aussi d'analyser les aspects cachés d'une question telle que *«Ma fille devrait-elle aller en médecine ?»* Par exemple : la santé physique pour le travail de nuit, la résistance au stress, l'empathie avec les malades, l'absence de peur du sang, etc.

D. Graphologie et radiesthésie

Beaucoup d'entreprises recourent à la graphologie pour analyser le caractère et les aptitudes d'un postulant (il est vrai qu'en France, cela va peut-être changer maintenant que les graphologues ont perdu leur statut de profession officielle).

Cependant, il y a bien d'autres raisons de vouloir étudier les différents types d'écriture. A titre personnel, vous serez peut-être tenté de trouver une réponse à des questions du type : *«Dois-je faire confiance à telle personne ?» «Un tel peut-il faire un associé stable ?»* Etc.

Mais sans connaître à fond la graphologie, vous pourriez vous servir de l'écriture de quelqu'un pour en tirer des renseignements fort utiles.

D'une part, l'écriture est en effet un excellent témoin pour vous «brancher» sur l'esprit de quelqu'un. Une ligne d'écriture vaut bien une photo.

D'autre part, l'état mental particulier qu'induit la recherche radiesthésique, vous «branche» sur votre subconscient. C'est pourquoi, même si la graphologie ne vous est pas familière, votre subconscient peut deviner un certain nombre de choses tandis que vous examinez une écriture.

Pour ce faire, oubliez le peu que vous savez en graphologie. Rien de pire que des fragments de connaissance pour affecter votre neutralité mentale.

Il vaut mieux faire comme si vous ne saviez rien du tout. Observez simplement en mettant de côté toute interprétation qui provient de la mémoire consciente.

Suivez lentement le parcours de l'écriture et imaginez que vous êtes la personne qui a écrit ces lignes.

Évaluez s'il s'agit d'un faux

Plusieurs estiment même que le radiesthésiste serait plus efficace lorsqu'il s'agit de vérifier si une écriture est ou n'est pas une contrefaçon.

E. Trouvez les couleurs qui conviennent le mieux à vous ou aux autres

Vous l'avez bien sûr remarqué. Certaines couleurs vous conviennent mieux que d'autres. Et il en est de même pour les gens que vous connaissez.

Certains critères objectifs permettent de faire un bon choix de couleurs. Par exemple, le jaune sied rarement à une personne au teint trop clair. Ou encore, une personne au teint très foncé avec des cheveux et des yeux noirs a tout intérêt à porter certaines pièces de vêtements de couleur claire.

Par ailleurs, à un niveau subliminal ou semi-conscient, les couleurs de votre environnement ou celles que vous portez, agissent sur vos pensées d'une manière ou d'une autre. Ainsi, des expériences faites avec des prisonniers ont montré que leur niveau d'agressivité variait selon la couleur des murs de leur cellule. D'autres recherches ont même montré que des aveugles réagissaient aux couleurs !

Il y a donc aussi un aspect plus subtil lié au choix des couleurs : c'est le fait que la couleur soit en harmonie ou non avec votre personnalité.

Une couleur comme le noir, par exemple, pourrait vous conférer beaucoup d'élégance ou vous amincir si vous avez quelques kilos en trop. Mais est-ce bien la couleur idéale, si vous traversez une phase dépressive ?

Une couleur comme le vert pâle n'a, en principe, aucune connotation négative. Mais vous convient-elle vraiment si votre entourage trouve que vous manquez de dynamisme ?

Ou bien, prenons le cas du rouge. Pour une personne amorphe ou très timide, le rouge pourrait avoir une action thérapeutique en dynamisant la personne. En revanche, si une personne a tendance à «voir rouge» à la moindre contrariété, elle devra sans doute éviter de porter cette couleur.

Pour trouver une couleur qui «habille» à la fois le corps et l'âme, la radiesthésie s'alliera fort bien à la chromothérapie (c'est-à-dire la thérapie par la couleur). Elle servira donc le psychologue, le médecin holistique ou le naturopathe qui se sert de la couleur dans son travail.

Pour le couturier-conseil, l'utilisation de cette forme de radiesthésie lui permettra d'avoir des intuitions brillantes et originales pour épater son client.

Quant à l'architecte ou au designer, il trouvera dans la radiesthésie un moyen de maximiser l'action bénéfique d'un habitat (cf. chapitre 20). De plus, il s'évitera des essais coûteux s'il veut faire un coup d'audace en matière d'aménagement intérieur.

Comment procéder

Pour chercher la ou les couleurs qui conviennent le mieux à une personne, le mieux serait d'avoir un demi-cercle que vous diviserez avec des rayons formant une section pour chaque couleur. Coloriez ensuite chaque section du demi-cercle.

L'idéal serait d'avoir une palette de coloris très étendue pour donner des indications très précises. C'est très utile notamment si vous travaillez en décoration intérieure.

Vous pourrez aussi, dans un premier temps, faire un demi-cercle où vous n'intégrerez que les couleurs de base ainsi que le noir et blanc.

Dans un deuxième temps, faites une série de demi-cercles pour chaque couleur de base, mais en y incluant toutes les nuances de la couleur.

Le rouge, par exemple, peut varier d'un rouge sang très violent à un rouge fuchsia fort agréable. C'est pourquoi il est plutôt absurde de dire «le rouge est bon pour toi» si vous ne précisez pas de quel nuance de rouge il s'agit.

Autre point important, il arrive fréquemment qu'une personne ait plusieurs couleurs qui lui soient bénéfiques. Dans ce cas, la radiesthésie vous permettra de déterminer quelle est sa couleur dominante et ses couleurs secondaires. Vous pourrez établir aussi quel est le pourcentage d'importance de chaque couleur.

A partir de là, il est même possible de former une couleur unique dont les composantes s'intègreront selon les pourcentages déterminés par le pendule.

F. Découvrez les compatibilités entre les êtres

Salomon et la reine de Saba

Selon de vieux textes arabes, il semblerait que Salomon eut recours à des sourciers pour choisir les meilleures candidates pour son harem.

Celles-ci, souvent recrutées dès leur plus jeune âge devaient alors se soumettre à une éducation particulière, un peu à la manière des geishas du Japon. Ce n'était qu'au bout d'un long apprentissage qu'elles étaient enfin jugées dignes du roi.

Mais un beau jour, Salomon entendit parler d'une femme d'une exceptionnelle beauté : la fameuse reine de Saba.

De son côté, celle-ci eut vent de la grande sagesse de Salomon. Tous les deux aspirèrent donc à se rencontrer.

Salomon fit de nouveau appel à des sourciers pour en savoir plus sur la reine de Saba. Mais celle-ci ne demeura pas en reste et elle interrogea aussi ses sourciers. Et c'est ainsi qu'ils finirent par se rencontrer. Là encore, Salomon fit appel à son meilleur sourcier afin de déterminer l'heure idéale pour mieux la «connaître».

De cette rencontre naquit l'un des plus beaux textes amoureux de l'humanité, *Le cantique des cantiques*.

À votre tour

Pourquoi ne pas essayer, vous aussi, de deviner les affinités naturelles entre les êtres, que ce soit sur le plan de l'amour, de l'amitié ou des affaires ?

C'est là une façon très amusante d'étudier la radiesthésie. Le fait de vous exercer avec des êtres humains vous semblera peut-être plus motivant que d'essayer de découvrir l'emplacement d'objets.

Voici 4 exercices qui préludent au travail avec des êtres humains de chair et d'os.

Exercice des visages

1. Prenez 3 photos, chacune représentant une personne différente. Ce peut être des photos tirées d'un album de famille ou découpées dans un journal, voire même de simples photocopies. Pour vos premiers essais, choisissez de préférence des personnes qui suscitent en vous de forts sentiments de haine ou d'amour.

2. Mettez ces photos dans des enveloppes parfaitement opaques et tout à fait similaires. Pas besoin de les coller. Vous en aurez besoin pour les autres exercices.

3. Par élimination, essayez ensuite de reconstituer chaque visage en vous servant du pendule.

Exercice des paires

1. Prenez 6 photos de visage. Il s'agira de 3 paires de personnes qui s'aiment beaucoup ou qui ont de fortes affinités intellectuelles dans un domaine particulier (par exemple Marx et Lénine, Mère Theresa et Jean-Paul II). Le lien qui les unit ne doit faire aucun doute dans votre esprit.

2. Comme précédemment, mettez ces photos dans des enveloppes.

3. Par élimination, reformez les paires.

Exercice de la haine

Même exercice que précédemment sauf que vous travaillerez cette fois-ci avec 3 paires de personnes qui se haïssent.

Exercice de l'accord

Prenez encore 6 photos. Mais sur ce nombre, il doit y avoir 2 paires de photos de personnes qui s'entendent très bien. Les deux dernières photos seront une paire de personnes fortement en désaccord.

Avec le pendule, trouvez les paires qui s'accordent ou se détestent.

Etudiez maintenant les possibilités réelles d'entente

Une fois que vous aurez une bonne maîtrise de ce genre d'exercice, vous pourrez essayer de deviner les possibilités d'entente entre les gens sur le plan amical ou amoureux. Tentez même d'évaluer la nature et la durée de la relation en utilisant des listes comme celles qui suivent.

Cette relation est-elle de type :

☐ sexuel ?   ☐ aliénant ?

☐ amour-tendresse ?   ☐ auto-destructeur ?

☐ amour-passion ?   ☐ pratique ?

☐ amitié amoureuse ?   ☐ autre

☐ sado-masochiste ?

Cette relation durera-t-elle :

☐ quelques jours ?   ☐ plus de 3 ans ?

☐ quelques mois ?   ☐ plus de 7 ans ?

☐ plus d'un an ?

La cause de la rupture sera-t-elle :

☐ l'esprit de compétition

☐ le travail ?

☐ l'argent ?

☐ la jalousie ?

☐ un problème sexuel ?

☐ les enfants ?

☐ le désir d'un enfant ?

☐ la lassitude ?

☐ la belle-famille ?

☐ les problèmes financiers ?

☐ un problème non résolu lié à l'un des parents ?

☐ un attachement trop fort à l'un des parents ?

☐ autre

Lorsque vous aurez une réponse à ces questions, efforcez-vous de préciser votre prédiction avec des sous-questions.

Par exemple, si le problème du couple vient de l'argent, posez ensuite les questions suivantes :

«Est-ce à cause du <u>manque</u> d'argent ?»,

«Est-ce à cause d'une jalousie au niveau des revenus ?»,

«Est-ce à cause de la dépendance financière de... par rapport à ... ?»,

«Est-ce à cause des dépenses excessives de...», etc.

Pour vous exercer, faites ce type d'expérience avec :

- des personnes que vous connaissez un tant soit peu ;
- des personnes dont vous ignorez à peu près tout.

Bien entendu, ne dites rien de vos essais lors de vos débuts. Voyez quel est votre pourcentage de prédictions justes selon que les personnes appartiennent à la première ou à la deuxième catégorie.

Une fois maîtrisée, cette pratique radiesthésique permet de passer des heures passionnantes avec des amis.

Et vos amours ?

Quant à appliquer cette technique à vos propres relations amoureuses, une longue pratique de la neutralité mentale est indispensable. En ce domaine plus que dans d'autres, il est trop facile de prendre ses désirs pour des réalités.

Vous pouvez néanmoins contourner ce problème avec des questions qui concernent directement plutôt la personne aimée que vous par rapport à elle.

Autrement dit, ne posez pas de questions du type : *«G... acceptera-t-elle mon invitation au cinéma ?»* ou *«J... finira-t- il par m'aimer ?».* Vous vous placez ainsi trop au centre de la question.

Dans un premier temps, essayez plutôt d'étudier le caractère et les tendances de la personne dont vous désirez attirer les faveurs.

Par exemple :

«B... est-elle du genre à accepter l'invitation au cinéma d'un homme qu'elle connaît à peine ?»

«J... accepterait-il de sortir avec une femme plus âgée que lui ?»

«B... est-elle du genre à faire l'amour dès la première rencontre ?»

Voyez ensuite si l'élu(e) possède les qualités ou les caractéristiques qui lui permettront de s'harmoniser spécifiquement avec vous.

«Est-il(elle) sportif(ve) ?»

«Prend-il(elle) des drogues ?»

«Est-il(elle) généralement de bonne humeur le matin ?»

«Est-il(elle) sincère dans ses relations amoureuses ?»

«Est-il(elle) du genre fidèle ?»

«Aime-il(elle) la lecture ?»

Etc.

Une fois que vous aurez posé une telle série de questions, osez enfin demander au pendule :

«K... est-il(elle) vraiment le(la) partenaire qui me convient à tous points de vue ?»

Il est en effet possible de tomber amoureux de quelqu'un, mais est-ce vraiment le meilleur choix de vie ? Certaines attirances sont des mirages qui dissimulent une tragédie potentielle.

Il est donc important d'avoir le courage et la lucidité de se poser une telle question.

Si la réponse est affirmative et ne fait aucun doute, il ne vous reste plus qu'à interroger encore le pendule pour en savoir plus... ou à passer à l'action.

Plus rapide : la méthode du symbole YIN-YANG et des photos

Que ce soit pour analyser vos aspirations amoureuses ou celles des autres, vous pouvez aussi essayer les deux trucs suivants plus rapides.

La méthode du symbole YIN-YANG

1. Prenez une feuille et dessinez le signe du YIN-YANG, le signe chinois des polarités. À l'origine, ce signe symbolisait le rapport entre l'ombre et la lumière. Avec le temps, il en est venu à symboliser l'union des principes masculin et féminin.

Un point important : il n'est pas nécessaire de noircir l'une des polarités comme dans le symbole traditionnel. Vous pouvez tout simplement adopter une symbolique des couleurs mieux adaptée à vos goûts : rose-bleu, rouge-jaune, etc. Ou tout simplement, ne tracez que la ligne de séparation (voir figure ci-dessous).

2. Dans l'une des polarités, inscrivez votre nom ou celui du consultant. Dans l'autre, le nom de la personne aimée. (Choisissez une couleur de stylo qui contraste bien avec les couleurs foncées ou fixez des petites étiquettes sur lesquels sont inscrits les noms.)

3. Laissez pendre votre pendule au-dessus du dessin et répétez mentalement la convention suivante : *«Si ces deux personnes sont compatibles, le pendule tournera dans le sens des aiguilles d'une montre.»*

La méthode des photos

Vous pouvez faire également une investigation avec une photo de chacune des 2 personnes. Il sera plus facile encore de visualiser ou de sentir l'âme de cess 2 personnes.

1. Regardez successivement les deux photos.

2. Faites alors l'effort mental de les superposer.

3. Sentez leur degré d'harmonie ou de disharmonie, tout en interrogeant le pendule.

Vous pouvez combiner la méthode du symbole YIN-YANG et celle des photos. Collez simplement une photo dans chacune des deux divisions du dessin plutôt que d'inscrire le nom.

Faites un choix

Peut-être avez-vous l'«embarras» du choix entre plusieurs partenaires potentiels ? A moins que ce ne soit la personne qui vous consulte.

Dans ce cas, un diagramme semi-circulaire conviendra parfaitement. Dans chaque «pointe de camembert», inscrivez le nom de la personne. Puis, servez-vous du pendule selon la méthode préconisée au chapitre 14.

Par ailleurs, comme de plus en plus de nos contemporains, vous aimez peut-être parcourir les petites annonces à la recherche d'un «élu» ou d'une «élue» potentiel. Dans ce cas, vous pourriez sans doute aller droit au but en vous servant de ce Cupidon mal connu qu'est le pendule.

G. Conseils aux futurs consultants en psychoradiesthésie

La consultation efficace

Vous deviendrez peut-être un consultant très couru ne fût-ce qu'à titre d'amateur. Dans ce cas, rappelez-vous bien qu'il y a essentiellement 4 choses qui préoccupent les gens quand ils arrivent en consultation :

■ amour : relation amoureuse, sexualité (problèmes sexuels ou absence de partenaire), sentiment en général (amitié, famille, enfant, etc.) ;

■ argent : loterie, héritage, dettes, pension alimentaire, etc. ;

■ travail : intrigue de bureau, possibilité d'avancement, crainte de perdre un emploi ou impossibilité d'en trouver un, etc. ;

■ santé : problèmes à venir ou possibilité de guérison dans le cas d'une maladie en cours.

Si vous donnez une réponse dans l'un de ces 4 domaines, vous êtes sûr de toucher une corde sensible. Peut-être même vous considérera-t-on comme un(e) grand(e) voyant(e) pour avoir si rapidement «mis le doigt sur le bobo».

Néanmoins, l'idéal sera de passer systématiquement en revue ces 4 domaines pour que la personne qui vous consulte puisse voir clair en elle-même.

Et cela, même si elle a tendance à vous interroger sur un aspect en particulier ! Tous les aspects sont intimement liés - à tout le moins au niveau du subconscient.

De façon générale, les gens veulent des réponses précises voire des chiffres. Par le système des sous-questions, la radiesthésie offre la possibilité d'atteindre une étonnante précision.

Profitez-en ! Il est préférable d'éviter les réponses mystiques ou spirituelles, à moins que la personne ne le souhaite expressément.

Question de moralité

Il va sans dire que l'investigation radiesthésique de la personnalité d'autrui ne doit pas donner lieu à une indiscrétion malsaine ou nuisible. Je m'en voudrais de fournir un outil qui puisse faire du tort à quiconque. La radiesthésie ne doit jamais servir à commérer ou à salir une réputation.

De préférence, la radiesthésie caractérielle se fera donc avec le consentement et en compagnie de la personne que vous «pendulisez».

Et comme pour la consultation auprès d'un médecin ou d'un psychologue, le secret «professionnel» est de rigueur, même si vous vous considérez encore plutôt comme un «amateur» (au sens noble du terme).

Évitez aussi de faire de la radiesthésie un critère absolu pour juger définitivement quelqu'un. Idéalement, la radiesthésie doit faire partie d'une batterie de tests qui entreront tous en ligne de compte dans le jugement définitif que vous établirez sur la personne.

Bien entendu, il y aura toujours des cas de «légitime défense» où vous devrez en savoir plus sur un adversaire qui ne demande pas mieux que de vous nuire. Dans ce cas, à la guerre comme à la guerre ! La radiesthésie peut alors constituer une arme secrète au même titre qu'une prise de judo.

La question des prédictions

En principe, il vaut mieux ne pas faire de prédictions à long terme. Une prédiction valable est une prédiction basée sur des faits pouvant être détectés au moment de la consultation.

En radiesthésie, il n'y a pas de «clairvoyance» avec tout ce que ce terme implique d'occultisme de bas étage.

Il s'agit d'abord de bien assimiler le principe de la GERMINATION DES POSSIBLES.

Pas besoin d'être devin pour affirmer qu'une graine de carotte donnera une carotte. Il en est de même dans le domaine de la prédiction. Certains signes invisibles pour un œil non exercé annoncent des choses à venir. «Tout ce qui doit arriver est déjà arrivé», disait le sage Mahavir.

À cela s'ajoute la faculté intuitive qui permet d'envisager globalement un grand nombre de données.

Avec le temps, vous apprendrez à discerner les grandes lignes de force derrière la mulplicité des événements.

Un petit truc

La majorité des gens mènent une vie assez routinière, voire répétitive. Dans notre société obsédée par la sécurité, l'aventurier ou le délinquant ne sont pas la norme.

Comme disait un peu cyniquement un radiesthésiste de ma connaissance, bien souvent il suffit de regarder le programme de télévision pour dire ce qu'une personne fera à telle heure.

À moins d'un événement exceptionnel, les gens auront donc tendance à répéter les mêmes comportements ou réactions. Même une personne soi-disant imprévisible aura - comme prévu - une réaction imprévisible.

Quand vous avez une prédiction à faire, tenez compte de cette tendance mécanique présente en presque tout être humain.

Par exemple, dans les relations amoureuses, il est facile de constater qu'une personne a généralement tendance à se retrouver avec un certain genre de partenaire. De même, le déroulement et la fin de la relation obéissent à des «patterns» identifiables qui se répètent d'une relation à l'autre.

La question du libre-arbitre

Bien des gens qui consultent les radiesthésistes ou les voyants s'attendent à ce que ceux-ci leur disent quoi faire. La prédiction devient un «ordre» du destin transmis par l'«oracle».

Cette attitude est un piège, autant pour la personne qui consulte que pour le consultant.

La première perd le contrôle de sa vie et la capacité de faire face seule à l'inconnu et à l'imprévisible.

Et pour le second, il est tentant de jouer au directeur de conscience ou au prophète. Ce qui tôt ou tard peut affecter la justesse ou la pertinence de son travail radiesthésique.

Pour le consultant, l'idéal sera donc de présenter la radiesthésie comme une technique de choix intuitive plutôt que comme un outil divinatoire.

Il est important de faire comprendre à la personne qui vous consulte que le futur n'est jamais «coulé dans le béton». Ce sont SES décisions qui vont CRÉER SON FUTUR.

À chaque instant, à chaque carrefour, elle peut prendre la bonne ou la mauvaise route. Et même si elle emprunte la mauvaise route, rien n'est irrévocable. Elle a toujours la possibilité de revenir sur ses pas ou d'emprunter une voie inconcevable auparavant.

Je pourrais évoquer ici la technique de création d'un grand artiste comme Picasso. Ce dernier travaillait avec beaucoup de spontanéité, sans crainte de laisser déraper son crayon ou son pinceau.

S'il y avait une ligne qui partait soudain dans une direction imprévue, il s'adaptait aussitôt. La pseudo erreur servait à construire autre chose qui s'intégrait finalement à l'ensemble et le magnifiait.

Un peu dans le même sens, pensez à César lors de son arrivée en Égypte. En descendant la passerelle, alors qu'il s'apprêtait à poser les pieds en terre égyptienne devant les plus grands dignitaires d'Égypte, ce dernier trébucha et s'étala de tout son long.

Nullement décontenancé, César s'écria alors solennellement : «Ô terre d'Égypte, je t'embrasse !»

Quand une personne sait tomber en souplesse, elle ne se fait pas mal. Elle sait aussi comment se relever plus rapidement.

En tant que consultant, cette souplesse et cet esprit d'à-propos sont évidemment fort utiles quand vous êtes confronté à des petits malins qui cherchent à vous prendre en défaut.

Mais votre rôle est également d'enseigner à vos clients à réagir avec une semblable souplesse devant les caprices du destin.

En somme, votre tâche sera d'aider votre client à contrôler la tendance mécanique à laquelle j'ai fait allusion plus haut. Grâce au pendule, vous pouvez leur faire imaginer une nouvelle façon de réagir. Une façon véritablement adaptée et créative...

Chapitre 16

DEVENEZ L'ÉMULE DE SAINT-ANTOINE

Une disparition fort mystérieuse

Le nom de Saint-Antoine évoque toujours pour moi ce qui est arrivé à mon ami Hubert il y a bien longtemps. Parce qu'il était myope, Hubert portait des lunettes qu'il ne quittait que pour dormir. Un beau matin, il se lève et ne trouve plus ses lunettes. Il a beau les chercher pendant une quinzaine de minutes, peine perdue, les lunettes qu'il a déposées en principe, comme d'habitude, à côté du lit restent introuvables.

Sur cet entrefait arrive son ami Jean, myope tout comme lui, mais portant heureusement ses lunettes. Les recherches reprennent à deux. Les deux compères chercheront ainsi pendant environ deux bonnes heures, fouilleront tous les recoins possibles de la chambre et de la maison. Ils iront même jusqu'à examiner les poubelles à l'extérieur, par acquit de conscience !

Aux dires d'Hubert, il y avait là quelque chose de totalement impossible, irréel, voire même inquiétant.

Nos deux amis, pourtant du genre incroyant, en étaient presque réduits à imaginer que les lunettes s'étaient dématérialisées dans la quatrième dimension ou que de mauvais esprits leur jouaient un mauvais tour.

Finalement, épuisés par cette vaine recherche, ils se résolvent à abandonner.

Le lendemain, la grand-mère d'Hubert vient faire un tour chez lui et ce dernier lui fait part de cette disparition mystérieuse. Fervente croyante, cette brave dame décide de prier Saint-Antoine, patron des objets perdus, et en dépit du scepticisme avoué d'Hubert, retrouve ses lunettes.

Celles-ci étaient tombées juste entre le lit et le mur, à un endroit où pourtant Hubert et Jean avaient longuement fouillé la veille !

La prière au subconscient

Saint-Antoine existe-t-il ? Peu importe. La démarche de la grand-mère d'Hubert s'apparente en fait à celle du radiesthésiste efficace. Que vous vous «branchiez» sur votre subconscient, en invoquant Saint-Antoine ou par un procédé radiesthésique, le résultat est en définitive, le même :

1. vous faites le vide mental pour accéder à un état de neutralité
2. vous sortez de votre cerveau rationnel (l'hémisphère gauche) pour activer votre cerveau intuitif (l'hémisphère droit)
3. vous vous placez dans une attitude de passivité confiante tout en vous concentrant sur l'objet de votre recherche.

Ce faisant, vous laissez la réponse venir plutôt que de «torturer» votre intellect pour qu'il vous donne une réponse qu'en fin de compte, il ne peut vous fournir.

Certaines personnes le comprennent spontanément. Un avocat qui ne pratique pas la radiesthésie, me racontait un jour comment il avait retrouvé un important document qui semblait s'être volatilisé.

Après avoir examiné tous les endroits où, logiquement, le document pouvait avoir été déposé. Épuisé et exaspéré par de vains efforts, il est allé s'étendre sur le divan. Il s'est alors mis dans un état de relaxation profonde et il a fait le vide mental pour ne plus penser au document qui l'obsédait.

Sans faire le moindre effort, quelques minutes plus tard surgissait une image claire de l'endroit où se trouvait le document. Vérification faite, il était bien à cet endroit !

A l'inverse, Hubert et Jean ont commis les erreurs suivantes :

1. ils se sont obstinés, sans prendre le moindre recul
2. ils se sont épuisés mentalement
3. ils ont brouillé le fonctionnement de leur cerveau tant au niveau de l'intuition que du raisonnement.

L'exemple de la prière à Saint-Antoine me permet de revenir sur le fait que ce n'est pas une coïncidence si beaucoup de prêtres ont acquis une telle renommée en tant que radiesthésistes. La discipline qu'exige la prière ou l'oraison, habitue l'adepte à oublier son ego pour se concentrer sur un «au-delà de lui-même».

Comme lui, le radiesthésiste, qu'il soit croyant ou non, «prie» son subconscient.

Une alliance perdue depuis 4 mois sur une plage

Pour retrouver un objet perdu, vous n'avez pas toujours un pendule à portée de la main. Dans ce cas, une simple montre peut suffire comme l'a bien constaté un vieil ami à qui j'avais jadis enseigné les grands principes de la radiesthésie.

Lors d'un retour en Bretagne, comme je me promenai avec mon ami Georges sur la plage, nous eûmes cette conversation :

- Alors, Georges, toujours adepte du magnétisme et de la radiesthésie ?

- Maintenant, les gens aiment mieux les détecteurs de métaux pour trouver les trésors cachés. C'est devenu une tocade. Sur les plages, le panier à provisions contient le thermos de café et le compteur Geiger.

- Ah !

- N'empêche que Julien a retrouvé son alliance sur la plage de Loctudy, un an après.

- Avec un détecteur à trésor ?

- Non, avec la montre de mon père. Cela me plaît de la porter depuis qu'il est parti pour le grand voyage. Je la prends donc, et la balance au bout de sa châine. Les grandes marées avaient pourtant lessivé le sable. Je n'avais pas grand espoir.

- Il l'a perdue quand ?

- En octobre.

- Tu cherchais quand ?

- En janvier.

- Donc la grande marée d'équinoxe de septembre avait déjà eu lieu et celle de mars n'était pas encore arrivée. Or, la grande marée de chaque mois ne va jamais aussi haut que la marée d'équinoxe. Alors, tu disais qu'il l'a retrouvée, cette alliance ?

- C'est ça. La mer n'avait jamais monté assez haut. On a arpenté l'endroit sur dix mètres. Voilà que la montre pointait un endroit. Peu importe où j'allais, la montre oscillait vers un point. On s'est mis à tamiser le sable avec l'haveneau à crevettes. On a comme cela secoué une dizaine d'haveneaux et on l'a eue !

Si mon ami George a pu retrouver un objet perdu depuis longtemps avec une simple montre, cela démontre une fois de plus combien l'intuition du radiesthésiste demeure l'élément essentiel en radiesthésie. En cas d'urgence, vous pourrez toujours vous faire un «pendule de fortune» avec un objet courant : clé, pendentif, boucle d'oreille, etc.

Néanmoins, il faut reconnaître qu'un certain niveau de perfectionnement est nécessaire pour utiliser de tels objets. Ceux-ci étant moins équilibrés du point de vue de la forme, ils pourraient avoir des mouvements qui ne répondent pas exactement aux réactions neuromotrices associées à une réponse juste.

Avec de l'entraînement, vous saurez filtrer les impulsions nerveuses parasitaires qui brouillent les messages en provenance de votre subconscient.

Comment retrouver un objet perdu

Comme mon ami Georges, vous pourriez, vous aussi, retrouver toutes sortes d'objets perdus. Cependant, du moins à vos débuts, évitez de chercher une chose que vous-même avez égarée.

Il n'est pas facile de contrôler l'intensité de votre désir de retrouver la chose perdue. Le débutant éprouvera généralement une certaine difficulté à différencier la concentration et l'obsession.

Quoi de plus exaspérant n'est-ce pas que de ne pas trouver quelque chose qui semble à portée de la main ? Et comme vous l'avez vu avec le cas d'Hubert, le désir obsédant engendre l'impatience, qui à son tour embrouille le cerveau.

Pour vos premiers essais de recherche, le mieux sera donc de ne pas trop «impliquer» votre ego. Vous pourriez notamment :

- égarer volontairement un objet sans importance - par exemple, en le lançant derrière votre dos au hasard dans une prairie ;
- rechercher un objet perdu par une connaissance - de préférence -, sans dire que vous utilisez la radiesthésie pour le découvrir.

Avec le temps et vos progrès croissants, vous parviendrez certainement à mettre de côté la peur du ridicule ou l'avidité de trouver. Vous serez alors mûr pour chercher sereinement avec le pendule les objets que vous perdez.

La recherche d'objet dans une pièce

Lorsque l'objet perdu se cache dans une pièce où vous êtes en personne, la tâche est en général une sinécure. Un mélange de déduction, de recherche à tâtons et de radiesthésie vous conduira rapidement droit au but.

La méthode de la triangulation

1. Mettez-vous à l'entrée de la pièce.
2. Tenez votre pendule d'une main.
3. Tendez le bras vers l'un des coins, tout en posant votre question.
4. Balayez ensuite lentement la pièce jusqu'à ce que le pendule réagisse selon votre convention mentale. Vous savez maintenant sur quelle ligne de direction se situe l'objet à trouver.
5. Placez-vous ensuite dans un coin de la pièce qui fait face à cette ligne.
6. De nouveau, avec le bras-antenne, balayez la pièce tout au long de cette ligne jusqu'à ce que le pendule entre en giration. L'objet se trouve au croisement de la première ligne de direction et celle que le pendule vient d'indiquer.

La technique du quadrillage

Vous pouvez aussi prendre une feuille de papier sur laquelle vous dessinerez sommairement la pièce vue de haut. Cette méthode est particulièrement valable dans les grandes pièces très encombrées.

1. Indiquez la position des principaux meubles, des fenêtres et des portes, et de toute caractéristique importante de la pièce.
2. Quadrillez ensuite votre dessin en 4 ou 8 parties.

3. Cela étant fait, pointez successivement votre doigt sur chacune des parties du dessin.
4. Lorsque le pendule montre nettement que la chose perdue se situe dans une certaine partie, jetez-y un coup d'œil et faites une fouille sommaire.

La méthode des séries de questions

Si cette forme de recherche ne suffit pas, une série de questions et de sous-questions sera nécessaire. Il est fréquent par exemple d'égarer une clé dans le divan. Il suffit en effet de prendre un mouchoir dans votre poche pour en faire sortir à votre insu une clé. Quand vous vous lèverez, cette clé glissera peut-être entre deux coussins. Bien malin qui la trouvera alors.

Si le pendule dit que la clé se cache là où est le divan, posez des questions et sous-questions de manière à couvrir toutes les possibilités. «La clé est-elle tombée dans la déchirure ?», «La clé est-elle prise entre deux coussins ?», etc.

Autre exemple où la radiesthésie est formidable : le cas des billets de banque cachés dans l'un des livres de la bibliothèque. Rien à faire, vous avez complètement oublié le titre. Aucun indice.

Une hiérarchisation subtile des questions vous mènera droit au but. Commencez par localiser la rangée. Puis, la section de la rangée. La couleur des livres peut aussi faire l'objet d'une question sélective.

La recherche dans une maison

Chercher quelque chose dans une maison, c'est bien souvent comme chercher une aiguille dans une botte de foin. Les méthodes suggérées dans la section précédente ne s'appliquent donc que lorsque vous aurez découvert dans quelle partie de la maison se situe l'objet perdu.

Avec le pendule, vérifiez d'abord si l'objet se situe dans la maison. Si tel est le cas, posez une série de questions au pendule pour déterminer si l'objet est dans la cave, au grenier, au premier ou au deuxième étage, etc.

Cela fait, la méthode du plan est sans doute la plus directe. Peut-être disposez-vous déjà d'un plan d'architecte. C'est l'idéal. Sinon, faites un plan sommaire qui respecte assez bien les proportions de chaque pièce.

En appliquant l'index sur chaque division de l'étage, vous interrogerez le pendule jusqu'à ce que celui-ci réagisse. Si vous n'avez pas de témoin, n'oubliez pas de visualiser intensément l'objet recherché.

L'importance du lâcher-prise intellectuel

Lorsque l'obsession de trouver quelque chose vous tenaille le cerveau, elle provoque une tension musculaire parfois si intense que celle-ci entraîne une contraction des vaisseaux sanguins. Le cerveau manque d'oxygène et ne peut donc plus respirer normalement.

Pour que votre cerveau se remette à bien fonctionner, la première chose à faire est d'abord de prendre quelques respirations profondes.

Vous pouvez aussi vous masser les muscles du visage et du crâne. Ensuite, tournez la tête dans un sens puis dans l'autre tout en massant le cou.

Si l'obsession persiste, une vigoureuse séance d'exercices s'impose. D'une part, pour oxygéner à fond votre cerveau. D'autre part, pour que l'effort à fournir monopolise toute votre attention pendant quelques minutes.

Ces quelques minutes de répit suffisent généralement à votre cerveau pour «décrocher» et mettre fin à la paralysie mentale.

À noter que des recherches ont montré qu'une courte mais dynamique séance d'exercices permet aussi de faire remonter votre taux de glucose sanguin. La baisse de glucose sanguin est généralement associée à la dépression et à la confusion mentale. Phénomène qui ne vous aide en rien à trouver des solutions.

Bien souvent, cette baisse de glucose sanguin amène les gens à prendre du café, manger des sucreries ou fumer une cigarette. Ces substances stimuleront en effet la production de glucose. Mais le taux de glucose sanguin risque de chuter encore plus bas par la suite.

La manière la plus efficace de le faire remonter rapidement tout en le stabilisant, reste encore, l'exercice physique.

L'exemple d'Einstein

Il ne sera pas facile de lâcher-prise, à vos débuts en radiesthésie. Mais, dites-vous bien que ce lâcher-prise mental est aussi à l'origine de grandes découvertes qui ont changé le cours de l'histoire.

C'est ce qui se passa entre autres avec Albert Einstein. Ce dernier cherchait désespérément la théorie qui permettrait d'unifier les différentes théories et observations de la physique de son époque. Il avait la prescience de cette théorie unitaire mais n'arrivait pas à la formuler. Tout se confondait dans un brouillard mental qui l'accablait de plus en plus.

Finalement, un beau jour, tout à fait désespéré, il alla s'étendre sur son lit et sombra dans un demi-sommeil lourd et angoissé. Il était ainsi étendu depuis quelques minutes lorsqu'une lumière jaillit brusquement dans son cerveau. D'un seul coup, tous les morceaux de son puzzle mental se mirent en place. La célèbre théorie de la relativité était née !

Lorsque le mental conscient reconnaît son impuissance absolue à résoudre un problème complexe, il y a alors un lâcher-prise bénéfique. Ce lâcher-prise est l'expérience du discontinu au niveau mental.

Normalement, par la logique et le raisonnement, le mental tente de maintenir une continuité au niveau de la conscience. En général, ce processus suffit à résoudre les problèmes du quotidien.

Mais, ce processus mental est très linéaire et il ne peut embrasser un ensemble de données complexes dont certaines ne sont même pas disponibles. Il faut alors une RUPTURE de la continuité mentale pour accéder à un fonctionnement mental plus global et plus rapide.

C'est ce qui est arrivé spontanément à Einstein parce que son désespoir fit littéralement éclater son intellect obstiné. Mais pour le radiesthésiste expérimenté, il n'est nul besoin de connaître les affres du désespoir pour faire taire le mental raisonneur. Il lui suffit de pratiquer le vide mental pour créer en lui un état d'attente confiante.

Chapitre 17

RECHERCHE DE PERSONNES ET RADIESTHÉSIE POLICIÈRE

On avait perdu le petit Marc

Le portail du jardin était resté ouvert. La nuit tombait tard, en cette belle journée d'été.

«Où est Marc», réclame ma mère.

«Marc ? Il est là. Voyons, il était là. Mon dieu, où est Marc ?»

Il faut dire que Marc n'a que trois ans. Curieux, il est toujours à explorer le dessous d'un buisson ou à se cacher sous l'escalier. Il n'est pas dans le jardin. La nuit tombe.

«Ne t'affoles pas», dit mon père, *«si je trouve de l'eau, je peux bien trouver mon fils. Une branche de laurier, ça devrait marcher».*

Il part de la maison, traverse le jardin ; arrivé dans la rue, il prend à gauche. La baguette est verticale et ne bouge pas.

Après avoir parcouru cent mètres, mon père revient sur ses pas :

«Ce n'est pas possible, à l'âge qu'il a, qu'il soit allé plus loin».

Comme il fait demi-tour, la baguette penche un peu vers l'avant. On reprend la direction de la maison, la baguette semble vouloir plonger sans se décider et oscille. Mon père dépasse notre portail et continue sur la route bordée d'épaisses banquettes d'herbes folles.

La baguette penche vers l'avant, sans se décider à plonger. Soudain, elle vire vers le bas, s'agite. Dans le fossé, à 4 mètres, on voit une petite forme rose.

«Marc !».

L'enfant est là, couché dans le fossé, sec en cette saison. Il dort. Il dort même très bien. Il s'est perdu, il s'est assis, il s'est endormi.

«Ouf, merci, Monsieur Boudot, de vos bonnes leçons de baguette. Ce soir, je les apprécie».

Cet exploit de mon père, radiesthésiste amateur mais talentueux, fut pour moi le premier exemple de recherche de disparu. Depuis j'en ai vu bien d'autres et, grâce à la radiesthésie, j'ai moi-même localisé à plusieurs reprises des enfants égarés dans les bois.

Cette forme de radiesthésie est particulièrement gratifiante. La joie des parents qui revoient enfin leur enfant est le meilleur salaire qui soit.

Un enlèvement inexplicable

Aussi talentueux que soit le radiesthésiste, la radiesthésie ne permet pas toujours de retrouver l'enfant vivant. Elle permet néanmoins d'élucider la disparition de l'enfant. Les parents pourront alors au moins vivre leur deuil et fermer ce douloureux chapitre au lieu de rester dans l'angoisse et l'incertitude durant des années.

A cet égard, le célèbre abbé Mermet réussit l'un des cas d'élucidation les plus extraordinaires qu'il m'ait été donné d'entendre.

Cette triste histoire se déroule en 1933 à Valais, en Suisse. Un garçon de six ans disparaît à l'automne sans laisser la moindre trace. Presque tous les habitants du petit village de Valais partent alors à sa recherche, mais en vain.

Finalement, le maire du village écrit à l'abbé Mermet pour faire appel à ses services.

Ce dernier entame les recherches par téléradiesthésie et envoie au maire une explication que personne n'avait osé formuler : un aigle a enlevé l'enfant et l'a emmené dans la montagne.

L'abbé n'en reste pas là. Il affirme aussi qu'il s'agissait d'un aigle de grande taille. Il décrit également avec précision deux sites où l'aigle s'est arrêté pour reprendre des forces au cours de son «kidnapping».

Un groupe de volontaires dirigé par le père de l'enfant se rend d'abord au premier endroit sans rien y trouver. Malheureusement, une tempête de neige vient interrompre leur progression vers le deuxième endroit, situé en haute montagne.

L'équipe de recherche rebrousse chemin et tout le monde finit par conclure que l'abbé Mermet s'est trompé.

Deux semaines plus tard, la neige fond. Des bûcherons qui passent par hasard à l'endroit qu'a désigné l'abbé Mermet y découvrent les restes de l'enfant.

Les vêtements et les souliers de l'enfant sont encore propres, ce qui montre bien qu'un aigle a transporté l'enfant sur ces hauteurs montagneuses. Par contre, son corps fait pitié à voir, mais n'est qu'en partie déchiqueté. Tout semble indiquer que l'aigle a interrompu son repas lorsque la neige s'est mise à tomber.

Par la suite, des observateurs confirment que le jour même de l'enlèvement, ils ont vu un aigle énorme voler dans la direction où l'on a retrouvé l'enfant.

En dépit de son chagrin, le père, un certain Baloz, écrivit à l'abbé Mermet une lettre pleine de reconnaissance où il s'excusait d'avoir pu douter de son expertise. C'était là assurément un authentique exploit radiesthésique.

La recherche de malfaiteurs

Les personnes recherchées ne sont pas toujours d'une honnêteté exemplaire comme c'est le cas en radiesthésie policière. En tant que radiesthésiste, vous serez peut-être amené à vous lancer sur la piste de criminels particulièrement futés.

C'est généralement lorsqu'elle a épuisé les techniques d'investigations habituelles que la police fait appel - discrètement, le plus souvent - à un radiesthésiste. Il n'y a là rien de nouveau.

Dans le chapitre 2, j'ai déjà fait allusion à Jacques Aymar, ce sourcier lyonnais qui n'avait pas son pareil pour retrouver les malfaiteurs. Un rapport du procureur nous donne plus de détails sur la façon dont Jacques Aymar menait ses enquêtes tambour battant :

«En arrivant dans la cave où s'était déroulé le meurtre, Aymar trahit une profonde agitation. Il se mit à trembler, son pouls s'accéléra, et la baguette fourchue qu'il tenait à la main se tendit vers l'endroit où avaient reposé les cadavres. Ayant «réglé» sa baguette, il se lança à la poursuite des assassins. En chemin, il indiqua même, à la stupéfaction des spectateurs, les lits qu'ils avaient occupés, les tables où ils avaient mangé, les verres et les plats qu'ils avaient touchés.»

Ce Jacques Aymar aura de nombreux successeurs au cours des siècles suivants. Au XXe siècle, l'un des plus étonnants fut le Britannique William Burgoyne.

Dès sa première expérience avec la baguette en 1946, il réussit à retrouver le corps de deux enfants noyés. Durant les 25 années qui suivirent ce premier coup d'éclat, ce Sherlock Holmes à baguette aidera Scotland Yard à résoudre une multitude d'énigmes que, même les plus subtils raisonnements du célèbre détective n'auraient pu élucider.

Voici comment il explique sa démarche :

«Tandis que nous traversons l'air en marchant, nous laissons tous derrière nous des vibrations. Si je prends dans ma main un article appartenant à la personne que je recherche avec la baguette, les vibrations de ce témoin me permettent d'embarquer dans les vibrations qu'a laissées la personne sur son passage. J'obtiens alors une réaction. Dès que la baguette cesse de réagir, je sais que j'ai perdu sa trace. Je marche alors vers l'avant et l'arrière jusqu'à ce que je retrouve son itinéraire.»

Thomas Trench, un autre radiesthésiste britannique se distingua par un exploit fort bien documenté dans les annales de la *Société britannique des sourciers*.

Depuis six mois, la police belge tentait de retrouver le corps d'un policier assassiné lors d'une grave émeute, en février 1962. Trench, qui se trouvait à environ 650 km de là, réussit à localiser le corps grâce à une carte sur laquelle il avait disposé une photographie et une description du policier en guise de témoin.

Les risques d'imprégnation prolongée

Même s'il m'arrive encore de jouer au Sherlok Holmes à pendule, je n'apprécie pas tellement de plonger dans l'univers interlope. Pour faire une recherche efficace, il est souvent nécessaire de s'imprégner longtemps des «vibrations» du criminel. Or, comme vous l'avez bien compris, la radiesthésie est une affaire de sensibilité. Et pour être vraiment sensible, il est essentiel de S'OUVRIR au maximum pour capter des signaux ou des impressions très subtiles.

Cette ouverture de la sensibilité présente donc le risque d'INFESTATION PSYCHIQUE, dans la mesure où vous devez fusionner psychiquement avec un courant d'énergies malfaisantes.

Comme vous l'avez maintes fois constaté, il est agréable de concentrer vos pensées sur une personne que vous aimez. De la même façon, si vous recherchez un enfant disparu, votre compassion vous met, sans grand effort, au diapason de ses pleurs et de son appel à l'aide.

A l'inverse, il s'avère extrêmement pénible de se concentrer sans cesse sur une personne d'où émanent des impressions de violence et de peur. C'est une véritable ascèse pour le cœur. Une telle pratique peut vous épuiser complètement et vous démoraliser. (Pas étonnant d'ailleurs que la déprime ou le «burn-out» soit si fréquent chez

276 / Comment retrouver une personne disparue

les policiers !)

C'est pourquoi, faire de la radiesthésie policière exige une discipline mentale toute particulière. D'une part, vous devez vous ouvrir psychiquement. D'autre part, vous devez en même temps vous protéger par divers procédés.

Parmi ceux-ci, la méditation (cf. chapitre 7) ou la prière - si vous êtes croyant - figurent en première place. La pratique du vide mental ou l'invocation de forces spirituelles est certainement une bonne façon de rester «propre» sur le plan psychique.

Peut-être serait-il utile également d'entretenir des pensées de compassion et de pardon à l'égard du criminel.

En un sens, vous pourriez faire d'une pierre deux coups car une attitude de compassion risque de faciliter votre recherche. En effet, une personne qui se sent poursuivie brouille inconsciemment son champ vibratoire mental à la façon d'un dispositif anti-radar.

Si vous lui envoyez de bonnes pensées, la personne pourrait avoir une compréhension plus juste de sa situation ou, en tout cas, moins s'affoler.

Comment retrouver une personne disparue

La question du témoin

Pour la recherche d'une personne disparue, que celle-ci soit encore vivante ou morte depuis un certain temps, le témoin demeure une aide fort précieuse, y compris pour le radiesthésiste expérimenté.

À cet égard, tout ce qui évoque directement la personne conviendra comme témoin : cheveux, vêtement, photo, dessin, portrait-robot, carte de crédit, etc. Cependant, l'idéal demeure la photo qui permet de créer une forte image mentale de la personne recherchée.

Mais encore faut-il utiliser judicieusement la photo :

La photo est-elle récente ? Même si c'est le cas, une barbe de deux jours ou une nouvelle coupe de cheveux peuvent suffire à fausser l'image que vous vous faites de la personne.

Tenez compte aussi de l'état d'esprit de la personne. Une personne égarée ou kidnappée n'aura certainement pas le beau sourire qu'elle affiche sur une photo de famille.

Avec l'expérience, vous saurez de plus en plus comment créer une image NEUTRE de la personne qui n'établira aucun filtre parasitaire en téléradiesthésie.

S'il s'agit d'une photo de groupe, beaucoup de précision s'impose. Placez bien le doigt-antenne sur la personne à trouver de manière à ce qu'il n'y ait aucune confusion possible avec un voisin immédiat.

Le mieux serait de vous servir d'un carton troué qui ne laisse apparaître que la personne à trouver.

La question de la localisation permanente ou temporaire

Autre point important. Lorsque vous tentez de retrouver quelqu'un, vous devez poser vos questions en tenant compte de la différence entre :

- l'endroit où la personne est en ce moment
- et celui où elle est passée ou passera.

La plupart des erreurs, dans la recherche de personnes, viennent de ce que le radiesthésiste ne tient pas compte suffisamment de ce facteur.

Par exemple, il n'est pas très utile de dire à la police que le criminel est à l'aéroport d'Orly s'il s'apprête à embarquer dans l'avion. L'expression «l'oiseau s'est envolé» prendra alors tout son sens.

Interrogez le pendule de manière à éviter toute ambigüité concernant la période de temps et le lieu.

Et c'est d'autant plus important que, comme je l'ai expliqué plus haut, les personnes poursuivies émettent certaines pensées qui brouillent leur champ énergétique. Si, de surcroît, la personne est indécise quant à sa destination, vous capterez des informations confuses.

L'utilisation du plan

Si vous utilisez un plan, vous pouvez, entre autres, vous servir de la méthode de la triangulation telle qu'elle est expliquée au chapitre précédent. Mais voici deux autres méthodes connues, également fort pratiques.

La méthode de la règle

1. Placez la carte (ou le plan) bien à plat et fixez-la avec du papier scotch ou des punaises.

2. Prenez un mètre à mesurer. Généralement, les cartes n'excèdent pas cette dimension, que ce soit en longueur ou en largeur.

3. Posez clairement votre question. En même temps, avec la main qui ne tient pas le pendule, faites glisser lentement la règle sur la

carte.

4. Lorsque le pendule réagit positivement en fonction de votre convention mentale, cessez de bouger la règle. Si vous ne craignez pas d'abîmer la carte, tracez une ligne bien visible avec la règle qui vous sert d'antenne ou d'indicatif. Ce sera plus facile pour la lire.

5. Tout en maintenant le pendule en position de lecture, passez ensuite l'index de la main libre le long de la ligne tracée ou indiquée par la règle. Lorsque le pendule vous fera signe, vous y êtes. Le disparu est là ! Marquez cet endroit d'un point.

La méthode du chercheur transparent ou du papier calque

C'est là une méthode que suggère entre autres Maurice Le Gall, l'un de nos plus illustres radiesthésistes français.

Cette méthode est identique à la précédente sauf que vous utilisez un chercheur transparent. L'avantage de cette méthode est qu'elle ne cache rien sur la carte. Dans beaucoup de cas, il est ainsi plus facile de localiser un petit village, une route ou une rue.

Comme chercheur transparent, Maurice Le Gall propose une sorte de grand rapporteur d'angles. Personnellement, je préfère une longue plaque de plastique dur et transparent dont la longueur est de 50 cm ou d'1 m.

Si la carte ou la zone à analyser n'est pas trop grande, servez-vous d'une règle transparente.

Autres possibilités : un papier calque, un protège-document en plastique souple.

Après cette première investigation pour localiser le disparu, il vous faudra sans doute une carte plus détaillée ou des sous-questions pour préciser l'endroit.

Selon le cas, peut-être vous faudra-t-il même vous rendre sur place pour compléter votre travail.

Retrouvez des amis perdus... de vue

La recherche radiesthésique de disparus n'a pas toujours le caractère dramatique que présente la recherche d'enfants perdus ou de criminels. Parfois, il s'agit simplement de retrouver la trace d'un ami que vous avez perdu de vue depuis longtemps.

C'est ce qui m'est arrivé voilà trois ans, alors que je passais quelques jours à Bruxelles. D'après ce que j'avais entendu dire, mon amie Nicole B... y habitait depuis son mariage.

J'entrepris d'abord de vérifier avec le pendule si elle <u>demeurait</u> bien à Bruxelles (comme nous l'avons vu, la nuance est importante !). C'était le cas.

Je demandai ensuite au pendule si elle y séjournait <u>en ce moment</u>. Là encore, le pendule répondit par l'affirmative.

Il me fallait maintenant trouver où elle habitait exactement. Pas facile, Bruxelles est une assez grande ville.

Pour trouver l'adresse de mon amie, il y avait différentes solutions :

1. Je pouvais procéder avec une carte et une règle comme il est expliqué plus haut. Une

fois le point d'intersection déterminé, il suffit de se rendre sur place et de préciser encore plus la localisation de la maison recherchée. Si cela se fait pour une source cachée sous terre, cela est encore plus facile avec une maison bien visible.

2. J'avais aussi la possibilité de passer en revue la liste des noms de rues de Bruxelles. Il n'est pas nécessaire de passer un à un tous les noms. Avec le pendule, vous sélectionnez la page et ensuite la colonne. Il ne reste plus alors qu'à passer le doigt-antenne sur chacun des noms de cette colonne.

Une fois la rue trouvée, vous travaillez avec la carte. Vous «parcourez» toute la rue avec le doigt-antenne ou, mieux encore, avec un objet pointu. Une fois que vous savez où se trouve approximativement la maison, vous vous rendez sur place.

S'il s'agit d'un gros bloc d'appartements, vous passez en revue tous les noms qui figurent sur le tableau en face des sonnettes. Evidemment, il est peut-être embêtant d'être vu dans une entrée en train de tenir un pendule. Mais qu'à cela ne tienne. Le vrai radiesthésiste ne craint pas d'étonner ses contemporains.

3. J'optai tout simplement pour la solution suivante : trouver son numéro de téléphone. C'est une solution assez simple si vous connaissez le nom de famille.

Il est rare qu'un nom de famille couvre plus de deux ou trois pages dans un annuaire. Et une fois que vous savez dans quelle colonne se trouve le nom, le tour est joué.

Malheureusement, mon amie avait sans doute pris le nom de son mari et je l'ignorais. Je procédai alors tout simplement avec un cadran chiffré (cf. chapitre 14). Avec le pendule centré au milieu du diagramme, je demandai un à un tous les chiffres du numéro de téléphone.

Ensuite, je composai le numéro obtenu. Une voix de femme inconnue avec un fort accent bruxellois me répondit. Un instant, le doute me serra le cœur. Mais après avoir demandé à parler à Nicole, j'entendis enfin sa voix familière dans le combiné. Elle n'avait rien perdu de son accent breton.

Remarques :

Dans votre façon d'interroger le pendule, tenez compte de toutes les possibilités. La personne recherchée peut vivre sur une péniche le long d'un quai, habiter dans une roulotte ou un hôtel, être depuis quelque temps dans un hôpital ou en prison, ou encore... au cimetière.

Avant d'essayer de localiser exactement l'endroit, il serait souhaitable d'identifier la catégorie de lieu de résidence. Vous pourrez peut-être restreindre votre champ de recherches. S'il s'agit d'un hôtel, par exemple, vous n'avez plus qu'à en consulter la liste.

À noter aussi que des recherches semblables ont beaucoup plus de chances d'aboutir dans la mesure où vous êtes profondément motivé pour retrouver une personne. Cette motivation viscérale peut naître d'une émotion personnelle ou d'une compassion sincère quand vous entamez une recherche pour une personne désespérée.

Chapitre 18

SONDEZ LA NATURE

Le monde naturel est un champ d'investigations privilégié pour la radiesthésie. Comme vous l'avez vu plus haut, la recherche de l'eau est sans doute l'usage le plus ancien de la radiesthésie. Mais rapidement, l'être humain découvrira qu'avec la baguette il peut aussi s'orienter dans la forêt, rechercher des métaux précieux ou des trésors cachés, trouver du gibier, etc.

A. Retrouvez le «droit chemin»

Bien des gens se sont perdus dans les bois depuis que le monde est monde. Et cela risque aussi de vous arriver. Vous pourriez même tourner en rond dans un petit bois pendant des heures comme l'ont constaté récemment deux de mes voisins. Pourtant ils n'étaient qu'à cinq minutes de leur point de départ !

Avant de vous enfoncer dans les bois, vous ne pensez pas toujours à repérer les points cardinaux pour savoir de quelle direction vous venez. Quand bien même vous sauriez l'heure exacte et qu'il n'y aurait pas un nuage dans le ciel, pas moyen donc de vous repérer.

Autre problème possible : vous savez à peu près d'où vous venez, mais vous ignorez où se trouve exactement votre tente ou votre voiture.

Dans un cas comme dans l'autre, il ne vous reste plus qu'à recourir à votre sixième sens grâce à la radiesthésie.

Comment vous orienter avec le pendule ou la baguette

On peut être un brillant radiesthésiste et se perdre dans les bois. Et de surcroît oublier son pendule. C'est ce qui est arrivé un jour à l'abbé Mermet alors qu'il était allé se promener avec le maire d'un petit village dans une forêt avoisinante.

Mais l'abbé Mermet avait plus d'un tour dans son sac. En guise de pendule, il prit simplement l'une de ses clés qu'il lança selon sa méthode habituelle... et ils arrivèrent juste sur la voiture.

Cependant, il se pourrait que vous n'ayez ni pendule ni objet qui puisse faire office de pendule. Dans ce cas, vous ne serez pas en peine pour vous confectionner une baguette en coupant une branche fourchue sur un arbuste.

Mais que ce soit avec un équivalent du pendule ou une baguette, le principe de l'orientation par la radiesthésie est simple. Vous vous tenez bien droit et, tout en énonçant votre convention mentale, vous pivotez lentement sur place jusqu'à ce que le pendule ou la baguette réagisse selon votre convention.

Avec le pendule, vous choisissez par exemple la convention suivante : *«Au moment où mon bras gauche (ou droit) pointera vers le Nord, mon pendule tournera».*

(Bien entendu, il existe aussi la technique de l'oscillation directionnelle. Avec cette technique, vous restez immobile et demandez par exemple au pendule : *«Dans quelle direction est le Nord ?».*

La direction de l'oscillation indique en principe la direction cherchée. Mais cette méthode présente un certain nombre d'inconvénients déjà décrits au chapitre 14.)

Avec la baguette, la convention sera du type : *«Au moment où la baguette pointera vers le Nord, elle s'abaissera».*

La neutralité : plus importante que jamais

Rappelons qu'une neutralité absolue est de rigueur. Moins vous aurez une certaine idée de ce qu'est la «bonne» direction à prendre, moins vous fausserez votre résultat. Comme le disait un élève de Maurice Le Gall : «On ne peut s'orienter avec le pendule (ou la baguette) que quand on est complètement perdu».

Il peut être utile de vérifier

Une fois que vous aurez travaillé en pivotant sur place, vous pouvez toujours vérifier en posant une question du type OUI ou NON. En vous basant sur votre convention mentale habituelle pour l'affirmation et la négation, demandez :

- au pendule : *«La direction de mon bras gauche (ou droit) indique-t-elle le Nord ?»*
- à la baguette : *«La baguette pointe-t-elle en direction du Nord ?»*

Quelle direction chercher ?

En principe, il est possible de trouver chacun des points cardinaux ainsi que les directions intermédiaires (sud-ouest, etc.).

Néanmoins, il est sans doute préférable de tenter de trouver le Nord. Celui-ci exerce en effet une polarisation magnétique non négligeable sur tous les êtres vivants.

Vous vous transformez alors en boussole vivante et vous évaluez ensuite, par déduction, la direction des autres points cardinaux.

Mais il se pourrait que vous n'ayez aucune idée de la direction cardinale à suivre pour retourner d'où vous venez. Ou peut-être souhaitez-vous, à l'instar de l'abbé Mermet, retrouver l'emplacement exact de votre voiture.

Dans ce cas, recourez encore à la technique du pivotement. Posez alors une question très spécifique comme :

«Au moment où mon pendule tournera (vers la droite), cela indiquera la direction de ma maison/la maison de X... ?»

ou :

«Ma baguette s'abaissera au moment où elle pointera dans la direction de ma voiture/la voiture de X... ?»

En posant votre question, tenez compte aussi du fait que la direction exacte de la maison ou de la voiture n'indique pas forcément le chemin à prendre. Il peut y avoir un marécage ou un lieu dangereux à traverser.

Spécifiez alors : *«Quelle est la meilleure direction à prendre pour ... ?»*. Une fois l'obstacle naturel contourné, peut-être sera-t-il nécessaire d'interroger à nouveau le pendule ou la baguette.

Exercices préliminaires

N'attendez pas de vous perdre dans les bois pour apprendre à vous orienter par la radiesthésie. Voici quelques exercices simples pour vous assurer que vous ne «perdrez pas le Nord».

Exercice de la technique du pivotement

1. De préférence le soir, allez dans une grande pièce de la maison.

2. Avec une boussole, identifiez avec précision les quatre points cardinaux.

3. Tirez bien les rideaux, éteignez toutes les lampes. Puis, fermez les yeux. Bandez-vous les yeux s'il le faut, pour être totalement dans l'obscurité. L'important est que vous n'ayez aucun indice lumineux pouvant vous aider à vous repérer.

4. Tournez sur place pour vous «égarer» complètement. Puis, immobilisez-vous.

5. Avec la technique du pivotement, tentez maintenant de trouver votre direction. Même si vous ne voyez rien, vous n'aurez aucune peine à sentir la réaction du pendule ou de la baguette.

Exercice de l'orientation sur terre, sur mer et dans les airs

1. Lors d'une journée sans soleil, allez faire une longue promenade dans une forêt avec une boussole. Prenez soin auparavant de bien repérer les coordonnées cardinales de votre point de départ. Gardez la boussole avec vous.

2. Efforcez-vous ensuite de vous «perdre» dans la forêt. Puis, tentez de vous retrouver en vous aidant de la radiesthésie.

NB : Cette possibilité de s'orienter par la radiesthésie est valable en toutes circonstances sur terre, sur mer et dans les airs.

B. La recherche de métaux et de trésors

Le cas des époux Beausoleil (voir chapitre 2) est l'exemple classique des chercheurs de métaux engagés par l'État.

De nos jours, de grandes sociétés minières ou pétrolifères de même que certains gouvernements continuent de faire appel à des sourciers pour trouver des métaux ou du pétrole.

La recherche de trésors enfouis récemment ou depuis longtemps est également une pratique courante en radiesthésie.

Tout comme d'ailleurs la recherche archéologique. Un exemple classique : le radiesthésiste J.-M. Leblanc a découvert dans le sous-sol de Strasbourg un monument romain datant de l'époque de Trajan. Les bijoux et objets d'art galloromains qu'on y a trouvés, sont exposés depuis, au musée de Rohan

Les techniques pour détecter les gisements miniers ou pétrolifères ainsi que les trésors sont les mêmes que pour la recherche de l'eau. Seuls les témoins et les conventions mentales changent. À cet effet, voyez le chapitre 13.

Consultez également le chapitre 14 pour savoir comment faire des diagrammes qui faciliteront votre travail de prospection.

C. A la chasse

Il faut l'avouer, la chasse n'est plus aussi populaire qu'auparavant. Beaucoup de chasseurs n'en demeurent pas moins des amateurs inconditionnels et estiment jouer un rôle utile dans l'écosystème animal.

Peut-être faites-vous partie de ces «mordus» de la chasse. Dans ce cas, pourquoi ne pas vous exercer à la radiesthésie dans le cadre de ce loisir que vous aimez !

Le chasseur des temps anciens avait le «sens du gibier» au même titre que le «sens de l'eau». La chasse n'était pas encore un loisir, mais une question de survie.

Ce chasseur ancestral ne partait donc pas au hasard dans les bois pour trouver du gibier. Il utilisait certaines techniques pour aiguiser son sixième sens et savoir exactement où trouver une terre giboyeuse.

Les Amérindiens, par exemple, écoutaient scrupuleusement leurs rêves ou se livraient à certains rituels afin d'obtenir une «vision» leur indiquant où se trouvait le gibier qu'il recherchait.

Les anthropologues nous fournissent d'ailleurs des témoignages contemporains qui laissent à penser que ces méthodes, de prime abord étranges, aboutissent souvent à des résultats bien concrets.

En fait, toutes ces vieilles pratiques rituelles n'avaient d'autre but que d'activer le sixième sens. Ce qui est également l'objectif de la radiesthésie.

Deux possibilités de base s'offrent à vous pour combiner chasse et radiesthésie : la recherche sur carte et la recherche sur le terrain.

L'idéal est de combiner les deux. En un premier temps, vous circonscrivez un territoire particulièrement favorable. Ensuite, une fois sur place, vous vous servez de la radiesthésie pour orienter plus spécifiquement votre recherche au lieu de marcher au hasard.

La chasse «à la carte»

En travaillant sur carte, vous pourriez commencer par une question du type : *«Pourrais-je trouver du gibier dans la région de... ?»* Si la réponse est favorable, posez ensuite des sous-questions pour délimiter plus spécifiquement la zone giboyeuse : *«Est-ce dans la partie nord de... ?»*, etc.

Pour le travail sur carte, il est également possible de positionner le pendule dans un coin de la carte de la région où vous comptez chasser. Demandez alors dans quelle direction se trouve le gibier. Dès qu'il y a une indication nette, placez une règle dans l'axe de direction indiqué.

Positionnez ensuite votre pendule dans un autre coin de la carte, et reposez la même question. L'endroit où se recoupent les deux axes constitue le centre de la zone favorable.

C'est le principe de la triangulation comme pour la recherche de l'eau (voir chapitre 13).

Vérifiez toujours.

Pour faciliter votre investigation radiesthésique sur carte, il serait bon de rechercher un type de gibier précis : gros gibier à poils (chevreuil, cerf, sanglier, (etc.), petit gibier à poils (lapin, lièvre, etc.), gibier à plumes (canard, oie, perdrix, etc.). Vous pourrez alors vous servir d'un témoin (poils ou plumes) pour orienter plus aisément votre subconscient.

Si vous hésitez sur le type de gibier à chasser une certaine journée, dressez une liste des gibiers qui vous intéressent.

En plaçant votre doigt devant le nom de chacun des types de gibier, posez une question telle que : *«Pourrais-je trouver du... aujourd'hui ?»* Cela fait, il ne vous restera plus qu'à faire de la téléradiesthésie pour détecter l'emplacement favorable.

Si vous avez une idée très précise de ce que vous croyez pouvoir chasser, votre investigation radiesthésique n'en sera que d'autant plus efficace. Il n'est pas souhaitable de «courir deux lièvres à la fois».

Sur place

Une fois sur place, la radiesthésie vous sera encore profitable. Mais cette fois-ci, optez plutôt pour la baguette, qui est toujours préférable pour l'extérieur (à moins de travailler dans la voiture).

Avec la baguette, vous pourrez d'abord évaluer avec précision dans quelle direction est le gibier.

Puis, vous serez en mesure de déterminer à quelle distance il se trouve : *«... est-il à moins de cinquante mètres»*, etc.

Grâce à la téléradiesthésie, vous pouvez donc délimiter, à l'aide d'un plan, les endroits où le gibier se cache.

Vous pouvez même évaluer la vitesse de déplacement du gibier pour savoir à quel endroit l'attendre.

Il se peut que vous estimiez que le jeu de «cache-cache» avec le gibier fait partie du plaisir et de l'excitation de la chasse. Néanmoins si, en fin de journée, vous vous apprêtez à revenir bredouille, la radiesthésie vous évitera la déconfiture totale.

Par ailleurs, si vous êtes plutôt un «chasseur d'images», la radiesthésie est certainement un bon moyen pour faire des rencontres... mémorables.

La chasse aux animaux nuisibles

Si des animaux sauvages font des ravages dans votre basse-cour ou dans vos cultures, la radiesthésie permettra d'identifier l'animal coupable et ensuite de le localiser pour l'éliminer.

Notez d'abord les signes évidents : type d'intrusion, état du grillage, le fait que la volaille soit mangée ou simplement saignée, traces, etc. Par déduction, faites une liste puis voyez si vos intuitions se confirment avec le pendule.

Cela fait, vous pourrez prendre certaines mesures préventives : piège, consolidation des enclos, etc.

Ultérieurement, peut-être jugerez-vous souhaitable de procéder à la localisation de l'animal nuisible ? Servez-vous alors des techniques mentionnées plus haut.

D. La pêche

Tout comme pour la chasse, la radiesthésie est un intéressant outil de prospection si vous êtes amateur de pêche.

Les techniques énoncées plus haut s'appliquent aussi à la pêche.

D'une part, il y a la téléradiesthésie qui vous permet, grâce à une carte d'état-major, de sélectionner les meilleurs coins de pêche, lacs ou rivières. En somme, l'endroit où vous avez rendez-vous avec la chance ce jour-là.

D'autre part, une fois sur place, la baguette peut encore vous rendre de fiers services.

Dans le cas d'un grand lac, par exemple, votre instinct de pêcheur et votre sens de l'observation pourraient évidemment suffire pour choisir les emplacements les plus favorables. Néanmoins, la baguette vous permettra d'aller plus vite «droit au but» et qui sait, de faire une pêche «miraculeuse».

E. Quel temps fera-t-il ?

Comme bien des gens, vous avez sans doute tendance à ne pas prendre à la lettre les prédictions des météorologues professionnels. Combien de fois ne se sont-ils pas trompés ?

Tantôt ils nous prédisent un bel été, puis finalement, l'été se révèle pourri. Tantôt, ils nous annoncent une semaine de pluie et, en définitive, il y a beaucoup d'éclaircies.

En fait, même équipés de toute la haute technologie (satellite, etc.) les météorologues modernes ne peuvent prétendre à plus de 80 % de prédictions justes. Et encore !

Pas toujours facile donc de déterminer le moment idéal pour prendre des vacances, par exemple. Surtout si l'hôtel coûte cher et que vous avez besoin de vous «gaver» de soleil pour vous remettre en forme.

Par ailleurs, vous l'avez souvent constaté, il arrive que le temps varie très rapidement sans que personne ne s'y attende. Or, prédire avec précision le temps qu'il fera dans les prochaines heures s'avère particulièrement crucial si vous avez certains travaux à faire à l'extérieur comme de la peinture ou du vernissage. Ou, tout simplement pour étendre le linge.

Et c'est encore plus important pour certaines activités comme la pêche ou la voile pour lesquelles une modification brutale des conditions atmosphériques peut revêtir des proportions catastrophiques.

Mais comment utiliser la radiesthésie pour deviner la météo ? C'est ce que nous allons voir.

Comment deviner la météo avec précision

La prédiction du temps est une excellente façon de vous exercer à la prédiction par le pendule. Vous pouvez en effet vérifier vos prédictions dans les heures et les jours qui suivent.

Cependant, si vous souhaitez obtenir des prédictions justes, vous devez poser vos questions avec précision.

Il ne suffit pas de demander «fera-t-il beau demain ?» C'est trop vague. La température et l'état du ciel varient souvent, d'heure en heure, et selon les régions. Et puis, le fait qu'il y aura du soleil, par exemple, n'implique pas forcément qu'il fera chaud.

Si vous souhaitez connaître, par exemple, la température dans votre région le lendemain, commencez par demander : *«l'état du ciel sera-t-il stable au cours de la journée ?»*

Si le pendule répond par l'affirmative, posez alors la question *«fera-t-il beau au cours de la journée ?»*

S'il répond par la négative à la question «l'état du ciel sera-t-il stable au cours de la journée ?», divisez la journée en tranches :

— *«fera-t-il beau demain en me levant ?»* (En supposant que vous vous levez généralement à la même heure, sinon précisez l'heure de votre lever)

— *«fera-t-il beau durant la matinée ?»*

— *«fera-t-il beau durant l'après-midi ?»*, etc.

Pour la température, la même précision est de rigueur :

— *«la température sera-t-elle stable au cours de la journée ?»,*

— *«à midi, fera-t-il entre 5 et 10 degrés ?»*

Ce sont des choses importantes à savoir si vous utilisez certains vernis extérieurs, par exemple.

Par la radiesthésie, vous pourriez aussi évaluer le degré d'humidité, le nombre de précipitations, la vitesse du vent.

Si vous souhaitez connaître divers renseignements météorologiques sur une région éloignée de la vôtre, vous procèderez alors par téléradiesthésie avec une carte détaillée.

Entourez d'un gros trait la région qui vous intéresse. Si vous craignez de salir la carte, faites simplement une photocopie de la zone à étudier.

Une fois que votre mental est bien «branché» sur cette région éloignée, commencez à poser des questions de la manière indiquée plus haut.

Par la même méthode, vous pourriez également choisir le moment idéal pour partir en vacances. Il est en effet possible de deviner les conditions climatiques plusieurs mois à l'avance.

La météo sur diagramme

Pour être encore plus précis dans vos prédictions météorologiques, faites-vous des diagrammes qui vous fourniront toutes les indications sur le degré d'ensoleillement (ou d'ennuagement), le type de précipitations (pluie, neige, grêle), etc.

Ensuite, servez-vous d'une règle ou d'un diagramme numérique pour répondre directement à des questions du type :

- *«quel sera le minimum ?»,*
- *«quel sera le maximum ?»*
- *«quelle sera la vitesse du vent ?»*
- *«quel sera le taux d'humidité ?»*
- *«combien de centimètres de pluie (ou de neige) tombera-t-il ?»*
- etc.

Ne négligez pas l'ABC de la météo

Jadis, il n'y avait ni radio ni météo pour deviner les conditions climatiques. Grands observateurs de la nature, les fermiers et les pêcheurs, entre autres, apprenaient à «lire le ciel» avec une justesse surprenante.

Depuis que Luke Howard, un pharmacien anglais du XIXe siècle, a fait un inventaire détaillé de tous les types de nuages, nous sommes tous - en principe - capables de faire aussi des prédictions météorologiques en observant la forme des nuages.

À condition bien sûr, de connaître l'alphabet de base du langage des nuages.

Au fur et à mesure que vous étudierez ce langage, vous en découvrirez toutes les nuances et vous serez de plus en plus en précis dans vos prédictions.

Lorsqu'il s'agit de connaître les conditions climatiques des 24 heures à venir, il serait dommage de ne pas tenir compte de cet ABC de la météorologie. Utilisez plutôt la radiesthésie pour préciser ou confirmer vos observations. Ou encore, pour prédire le temps dans une ou plusieurs semaines.

Chapitre 19

RÉUSSISSEZ DANS LA VIE GRÂCE À LA RADIESTHÉSIE !

Ancien président de la Société américaine des sourciers, John Shelley était un remarquable radiesthésiste. Il fut également officier de réserve de la marine américaine.

C'est ainsi que, lors d'un stage à la base aéronavale de Pensacola en Floride, ses compagnons s'amusèrent à mettre ses talents de sourcier à rude épreuve.

De connivence avec le comptable, ces derniers cachèrent son chèque de paie dans un coin de l'énorme bâtiment central de cette base militaire. Ce bâtiment avait deux étages et comprenait plusieurs dizaines de bureaux. Mais cela ne découragea guère John Shelley qui se mit au travail avec sa baguette de sourcier. Et il finit par trouver son chèque.

Ce n'est là qu'un exemple éloquent parmi d'autres qui démontre à quel point la radiesthésie peut vous aider à trouver de l'«argent» ou des «mines d'or». Par ailleurs, comme le suggère l'exemple qui suit, elle vous permettra aussi de passer à travers les nombreux examens ou tests qui risquent de faire obstacle à votre carrière académique et professionnelle.

A. Trouvez les bonnes réponses lors d'un examen

Un ami, adepte de la radiesthésie, me contacta un jour.

- *Tu sais l'expérience que je viens de faire ? Je passais mon examen objectif en docimologie...*

- *En quoi ?*

- *Une science si barbare dans son appellation et sa substance que j'ai demandé au professeur : «Peut-on utiliser le pendule pour répondre à vos questions ?» ; il me répond : «Faites ce que vous voulez, sauf tricher». Je prends donc mon pendule en pleine classe. Les gars rigolent. Je pointe la question 1. «C'est oui ou c'est non ?» Mon pendule tourne ; les gars ne connaissent pas ma convention mentale. Je coche le oui. Question 2 : «pendule, qu'en penses-tu ?» ; je coche le non. Ayant terminé les cinquante questions, je rends ma copie une heure avant la fin de l'examen. Devine combien j'ai eu. 82 % de réussite !*

- *Chapeau ! Cela ne plaide peut-être pas en faveur de ta compétence en docimologie mais en tout cas en radiesthésie, bravo !*

Pour les examens, le pendule est en effet une excellente façon de deviner les bonnes réponses quand vous vous retrouvez le bec à l'eau. Mais est-ce de la tricherie ? A vous de juger.

Quoiqu'il en soit, il est fort improbable qu'un professeur vous accuse de tricherie parce que vous travaillez avec la radiesthésie. Ce serait risquer de se faire accuser à son tour d'irrationalisme par ses collègues.

Un petit truc. Si vous craignez d'intriguer le professeur ou vos voisins durant vos examens en manipulant un pendule, utilisez tout simplement une montre. Vous détachez votre montre et vous la balancez comme si de rien n'était. Cela aura l'air d'un simple tic nerveux tout à fait compréhensible en période de stress intense.

Également, pour éviter de vous faire remarquer durant un examen, vous pouvez aussi limiter l'usage de la radiesthésie aux questions pour lesquelles vous ignorez totalement la réponse. C'est quand même mieux que de répondre au hasard.

Vous pouvez aussi vous servir de la radiesthésie qu'à titre de technique de vérification lorsque vous avez une bonne idée de la réponse mais que vous hésitez.

L'avantage de la radiesthésie est qu'elle vous permet de rentrer de nouveau en contact avec votre subconscient et de renouer avec votre intuition. Vous éviterez ainsi l'hypermentalisation qui paralyse le fonctionnement du cerveau.

Ciblez les sujets d'examen

Vous hésitez à pratiquer la radiesthésie en cours d'examen ?

Dans ce cas, qu'il s'agisse d'un examen oral ou écrit (objectif ou non), pourquoi ne pas vous servir de la radiesthésie avant l'examen pour cibler les matières sur lesquelles vous risquez le plus d'être interrogé ?

En plus de vous désigner les sujets d'examen, pratiquer la radiesthésie avant un examen présente 4 gros avantages :

- vous vous relaxez en profondeur et vous vous reposez dans une oasis de silence intérieur ;
- vous améliorez le contact avec votre subconscient pour faciliter l'accès aux différents compartiments de votre mémoire ;
- vous aiguisez votre sixième sens ;
- vous développez votre confiance dans les puissances cachées de votre esprit.

Comment pratiquer le ciblage de matières à examen

1. Relevez d'abord systématiquement tous les sujets possibles en parcourant vos notes et vos livres (vous pouvez gagner du temps en consultant la table des matières).
2. Faites ensuite une séance de «brain-storming». Pensez intensément à votre examinateur, puis écrivez le plus spontanément possible tout ce qui vous passe par la tête en rapport avec votre examen. Vous trouverez sans doute ainsi des sujets ou des questions que vous n'avez pas enregistrés lors de la première étape.
3. Une fois cette étape franchie, mettez de l'ordre dans vos données. Cataloguez très systématiquement les sujets ou les questions en catégories et sous-catégories. Plutôt que de faire de longues listes, mieux vaut faire des tableaux ou des diagrammes.

   En soi, même si vous ne faisiez pas de radiesthésie, ce type de travail serait également fort utile pour réviser votre matière et structurer votre mémorisation. Plus la matière à retenir est vaste, plus il est important que les chemins

d'accès aux souvenirs soient clairement défi-
nis afin de pouvoir les retrouver sans attendre.

4. Allez-y maintenant avec le pendule en partant
des grandes catégories pour explorer ensuite
les sous-catégories.

B. Trouvez plus facilement un bon emploi

Impressionnez le recruteur ou l'employeur

Cet entraînement radiesthésique pour prévoir
des questions d'examen vous servira tout au long
de votre vie. Et, notamment, pour un entretien
d'embauche ou pour un test de sélection en vue
de l'obtention d'un poste.

Grâce à la radiesthésie, vous pouvez deviner :

- si cela vaut vraiment la peine de vous présenter à cet entretien ou de passer ce test ;
- les critères de base auxquels vous devez
vous conformer à tout prix ;
- jusqu'à quel point vous pouvez faire grim-
per les enchères pour ce qui a trait aux
salaires ;
- les questions que l'on risque de vous poser
et la meilleure façon d'y répondre.

Comment procéder

1. Dans la mesure du possible, lisez le plus de
livres possible concernant les tests et les en-
tretiens d'embauche. Vous y trouverez déjà un
certain nombre de conseils utiles qui s'appliquent en toutes circonstances. La radiesthésie

vous servira plutôt pour cibler vos efforts en fonction d'une entreprise en particulier.

Prenez le temps ensuite de noter systématiquement les conseils les plus fondamentaux qui reviennent d'un livre à l'autre.

2. Disposez devant vous l'annonce ou tout autre témoin associé étroitement à l'entreprise (brochure, dépliant, photo, etc.) qui fait l'objet de votre intérêt. Concentrez-vous intensément dessus.

3. Lancez-vous ensuite dans un «brain-storming» qui fera sortir toutes les idées ou impressions en relation avec cette entreprise.

4. En combinant ce matériel avec vos notes de lecture, élaborez un tableau ou un diagramme facile à utiliser avec le pendule.

Dans votre tableau ou votre diagramme, ayez toujours la catégorie AUTRE. Si le pendule réagit face à cette catégorie, vous devrez faire un nouveau «brain-storming» pour déterminer les facteurs imprévus susceptibles de vous nuire.

Pas besoin de rentrer forcément dans tous les détails en faisant votre tableau ou votre diagramme. Si un facteur semble particulièrement important, il suffit de poser des sous-questions.

Par exemple, imaginons que le pendule indique que votre statut marital est important.

Tout dépend en effet des besoins d'une entreprise.

Pour certains employeurs, le célibataire sans enfant peut représenter un profil intéressant. Il sera plus disponible pour travailler les week-ends ou pour aller faire régulièrement des séjours à l'étranger.

A l'inverse, un employé marié ayant des enfants est plus stable et cela peut valoir la peine de lui donner une formation longue et coûteuse.

Il ne vous reste plus qu'à poser la question :

«Le fait que je sois mariée et que j'ai deux enfants peut-il jouer contre moi ?»

Si tel est le cas, vous pouvez préparer une argumentation en conséquence.

Avant même que l'employeur ne vous interroge sur votre statut marital, vous pourrez expliquer par exemple que lors, d'un emploi précédent, vous deviez souvent voyager à l'étranger. Heureusement, vous avez un mari merveilleux qui aime s'occuper des enfants et qui s'accommode fort bien de la situation. Etc.

Autres trucs

Avec un peu d'ingéniosité, vous trouverez mille et un trucs pour vous «placer les pieds».

Je me souviens d'un ami journaliste qui cherchait un emploi de documentaliste et d'animateur pour un poste de radio locale en France.

Il savait qu'on allait le «cuisiner» en politique. Il connaissait fort bien les dessous de la politique française mais il y avait certains domaines en politique internationale où ses connaissances étaient plus vagues.

Il posa d'abord une question du genre *«M'interrogera-t-on sur plus de 3 pays que je connais mal ?»*. La réponse étant NON, il interrogea encore le pendule et obtint le chiffre 2.

Il prit alors une carte et grâce à la méthode de la triangulation (voir chapitre 16), il put voir quels étaient les 2 pays qui risquaient de lui donner du fil à retordre. Puis il se documenta à fond sur ces 2 pays.

Bien lui en prit, il eut droit à quelques questions corsées sur ces deux pays en particulier.

Comment trouver les meilleures petites annonces

Qui n'a pas été un jour obligé de passer de longues et pénibles minutes à parcourir les petites annonces à la recherche d'un emploi. Et après cela, il y a eu sans doute des heures tout aussi longues et pénibles consacrées à des appels ou à des déplacements d'un endroit à l'autre.

Avec la radiesthésie, vous pouvez économiser bien du temps.

Commencez par la question : *«Pourrais-je trouver un emploi intéressant dans ce journal ?»*

Si la réponse est négative, inutile d'aller plus loin. Prenez un autre journal.

Dans l'affirmative, pas besoin de passer systématiquement le doigt-antenne sur chaque annonce. A chacune des pages de la section «emploi» qui vous concerne, demandez simplement : *«Trouverai-je un emploi intéressant dans cette page ?»*

Si une page du journal semble prometteuse, posez le doigt-antenne au-dessus de chaque colonne pour savoir laquelle contient le ou les emplois qui vous intéressent.

Une fois le ou les emplois trouvés, procédez comme il est indiqué plus haut pour maximiser vos chances d'être engagé.

Accepter un bon emploi ou une promotion

Quelqu'un vous propose soudain un emploi ou un nouveau poste dans votre entreprise. Vous êtes flatté. Mais soudain, le doute s'empare de vous. Ne serait-ce pas un cadeau empoisonné du destin ?

Dans de tels moments, pas question de demander simplement *«Dois- je accepter cet emploi ?»*, pour obtenir un OUI ou un NON. Vous devez creuser à fond tous les enjeux associés à une telle décision.

Comment procéder

1. Faites d'abord un «brain-storming». Jetez spontanément sur papier toutes les idées qui vous passent par la tête, en relation avec cet emploi.

2. Répertoriez ensuite en 2 colonnes le pour et le contre.

3. Enfin, posez des questions spécifiques. Par exemple :

   «Un tel emploi s'inscrit-il vraiment dans mon plan de carrière ?» Et si la réponse est négative : *«Cela vaut-il quand même la peine d'accepter cet emploi pour un temps ?»*

   «Y-a-t-il des problèmes cachés à prévoir ?» Et si tel est le cas poursuivez votre séance de questions :

   – *«S'agit-il de problèmes de communication ?»* (et si OUI, *«...avec un tel ?»*, *«...entre les cadres et les employés ?»*, etc.)

   – *«S'agit-il de problèmes d'incompatibilité de caractère ?»* (et si OUI, *«...avec un tel ?»*, etc.)

– «*S'agit-il de problèmes de production ?*»
(et si OUI, «*va-t-on m'obliger à faire des heures supplémentaires ?*», etc.)

En procédant à pareil «examen de conscience» avec le pendule, vous clarifierez certainement votre situation. Le pendule est en quelque sorte un outil pour vous aider à mieux penser.

C. Radiesthésie commerciale

Etudes de marché

Vous travaillez à la diffusion de nouveaux produits ? Vous serez peut-être alors heureux d'examiner le marché potentiel d'un produit avec un moyen peu connu qui vous permettra de damer le pion à vos concurrents.

Dans le domaine du marketing, tout est question de «flair» et de «timing». Et rien de tel que la radiesthésie pour voir plus loin que les «experts».

Il va de soi qu'avant d'investir de grosses sommes à partir d'une intuition radiesthésique qui contredit les études de marché habituelles, il vaut mieux avoir déjà une bonne expérience radiesthésique.

Commencez par vous entraîner avec des produits qui ne vous concernent pas directement et pour lesquels vous pouvez vérifier la mise sur le marché, d'une manière ou d'une autre.

Par exemple, s'il s'agit d'un nouveau magazine, interrogez le pendule de manière précise avec des questions :

- sur le volume de vente au bout de 2 semaines, 3 mois, 6 mois, 1 an, etc.

- sur le degré de diffusion dans le public visé,

- sur la diffusion selon les points de vente ou les régions.

Au bout d'un certain temps, vous serez à même de vérifier vos pronostics.

Dans le cas des livres qui sortent (en particulier à la rentrée), il est facile de voir ce qu'il en ressort avec les listes publiées régulièrement dans les journaux. Tentez aussi de deviner ceux auxquels seront attribués de grands prix littéraires.

Si vous avez un petit commerce, il vous est possible de tester certains nouveaux produits sans courir de grands risques financiers. Vous pouvez également collaborer avec un ami commerçant qui accueille favorablement votre démarche. Avec un petit commerce, vous pouvez jauger vos résultats sur des périodes très courtes.

Prenez tout le temps nécessaire pour exercer et affiner ainsi votre intuition. Attendez que votre pourcentage de prédictions justes dépasse les 85 %.

Vous pourrez alors vous permettre de vous baser sur le pendule pour lancer de nouveaux produits. Et vous serez notamment en mesure de déterminer :

- la date idéale pour lancer un produit ;
- les quantités à mettre sur le marché ;
- les régions ou les pays les plus susceptibles de servir de tremplin à la mise sur le marché.

Le prix idéal de votre produit

Optimisez votre publicité

À bien des égards la publicité est une «science». Les études statistiques et certaines techniques verbales ou visuelles aident à cibler avec une grande précision la clientèle visée.

Il n'en reste pas moins qu'il y a une part d'impondérable dans toutes formes de marketing et qu'en ce sens, la publicité est aussi un art. Un art de la communication avec tout ce que cela implique d'intuition et d'empathie pour vous mettre à la place du client.

Ici encore, la radiesthésie peut vous rendre de fiers services et elle se combine fort bien avec les aspects plus scientifiques du marketing.

Par exemple, si vous avez le choix entre différentes propositions publicitaires, vous pouvez contrevérifier vos premières impressions avec la radiesthésie. Après avoir sélectionné ainsi les annonces les plus prometteuses, vous ferez des tests avec la clientèle cible.

De cette façon, vous vous épargnez de longues discussions ou hésitations au niveau de la présélection. Ensuite, vous réduisez vos coûts pour les essais sur le terrain.

Avant même de commencer tout travail de conception graphique, il est également possible de choisir au départ les couleurs, le look, le format de vos envois imprimés, etc.

À cela s'ajoute la possibilité d'appliquer la radiesthésie à la sélection des techniques de prospection et des fichiers, etc.

La radiesthésie peut vous donner aussi l'assurance nécessaire pour travailler avec des projets risqués ou faire des «coups de poker» qui pourraient vous rapporter au-delà de toute espérance.

Vente en porte-à-porte

Les voyageurs de commerce et les vendeurs d'assurances peuvent faciliter leur travail avec la radiesthésie. Ils ont, entre autres, la possibilité de sélectionner :

- les meilleurs quartiers, à partir d'une carte ;
- les clients potentiellement intéressés, à partir d'un fichier.

De même, les représentants d'un produit peuvent déterminer les commerces ou les entreprises où ils ont le plus de chances de faire bonne figure.

Gestion financière des petits et des gros commerces

La pratique de la radiesthésie vous servira aussi pour :

- faire votre étalage (choix d'une disposition ou d'un design) ;
- choisir les prix annoncés ou déterminer jusqu'à quel point proposer des réductions ;
- acheter les produits les plus vendeurs ;
- vérifier la qualité de la marchandise.

Cette dernière possibilité est fort intéressante. Si l'on vous vend des lots importants de marchandises, il y a toujours le risque de vous faire «refiler» en douce des produits de piètre qualité ou en mauvais état. Grâce à la radiesthésie, vous pourriez intervenir à temps et découvrir les marchandises suspectes.

La radiesthésie s'avèrera spécialement utile pour vérifier la fraîcheur de la nourriture. L'ingénieur Simoneton a même consacré tout un livre à la question : *Radiations des aliments.*

Autres possibilités radiesthésiques :

- planifier votre budget ;
- évaluer les possibilités d'augmentation du chiffre d'affaires ou du profit net ;
- déterminer si vous devez penser en terme de stabilité, de restriction ou d'expansion, pour atteindre un certain objectif financier ;
- prévoir les périodes de crise ou de relance.

Bien entendu, une analyse rationnelle de la situation s'impose d'abord. Il y a des choix évidents qui peuvent se faire sans le secours de la radiesthésie.

Le pendule devient utile quand vous souhaitez faire un coup d'audace et «voir dans le noir».

Pour vous exercer, procédez comme indiqué ci-dessus en commençant avec ce qui ne vous concerne pas directement.

D. Faites de bonnes affaires

Soyez un acheteur averti

Qu'il s'agisse d'acheter 51 % des parts dans une multinationale ou de mettre la main sur une antiquité, la radiesthésie demeure une précieuse conseillère.

Récemment, des voisins s'apprêtaient à déménager. Ils vendaient donc un certain nombre de choses dont ils souhaitaient se débarrasser. Dans le lot, je repérai immédiatement un vieux meuble qui, me semblait-il, s'harmoniserait admirablement à mon salon. Malheureusement, le prix (3 000 francs) ne convenait pas aussi bien à mon budget.

Comme je ne m'y connais guère en antiquités, je demandai à réfléchir et me retirai dans un coin. Je pris mon pendule (qui ne me quitte jamais) et l'interrogeai discrètement. De toute évidence, le prix était 3 fois trop élevé.

Je revins proposer mon prix : 1 000 francs. La personne me regarda d'un air indigné et refusa net. Je sortis donc et retournai chez moi.

Le lendemain, un coup de téléphone matinal me réveilla. Mes voisins acceptaient mon offre.

Grâce au pendule, je n'avais pas fait seulement une bonne affaire. J'avais également évité de me faire rouler lamentablement, ainsi que je l'appris un mois plus tard.

Un ami antiquaire qui vint nous rendre visite un mois plus tard, me confirma en effet les «dires» du pendule. Même si le meuble avait fière allure dans mon salon, il ne valait pas plus que les 1 000 francs que j'avais offerts.

J'ai souvent conseillé des gens qui souhaitaient racheter des commerces. Ceux qui m'ont écoutée n'ont jamais eu à s'en repentir. En revanche, d'autres, craignant de manquer une occasion en or, ont douté de la sagesse du pendule et s'en sont mordus les doigts. Tout ce qui brille n'est pas de l'or ! Et le pendule est un excellent outil pour gratter la surface.

En parlant d'or, je vous rappelle que la radiesthésie convient aussi très bien pour vérifier la valeur réelle des bijoux. Le pendule peut même battre les meilleurs experts en bijoux.

En fait, dès qu'il s'agit d'authentifier des objets de grande valeur tels que les timbres-poste, les tableaux de maître, etc., ou encore des billets de banque, la radiesthésie se révèle toujours une précieuse alliée pour déjouer les génies de la contrefaçon.

Comment bien investir et multiplier vos gains en bourse

Venons-en maintenant aux investissements et à la spéculation boursière.

Dans ce monde très rationnel de l'argent, toutes sortes de pratiques superstitieuses ont cours, quand vient le temps de risquer le tout pour le tout.

Je connais par exemple, un homme d'affaires qui signe toujours les ententes commerciales importantes entre 3 et 4 heures de l'après-midi. Il a pris cette habitude il y a quelques années, après avoir réussi un coup fumant durant cette période de la journée.

Selon lui, c'est son heure de chance et il n'en démord pas. Si la transaction ne peut être conclue avant 4 heures, il annule ou remet cela au lendemain, quelles qu'en soient les conséquences. Jusqu'à maintenant, cette habitude semble lui avoir porté chance. Je pourrais vous citer d'autres «success stories» fondées sur de semblables superstitions. Mais en comparaison, l'usage raisonné de la radiesthésie me semble une approche beaucoup plus valable qui concilie à la fois le raisonnement et l'intuition.

Si, de surcroît, vous êtes un maniaque de l'ordinateur et que vous savez aller fouiller dans les grandes banques de données, vous ferez certainement d'excellentes affaires en bourse avec la radiesthésie.

Les risques inhérents à la radiesthésie boursière

Ce qu'il y a de bien dans le domaine boursier c'est que vous pouvez vérifier vos prédictions radiesthésiques au jour le jour. C'est donc un champ d'investigation idéal pour vous exercer à la prédiction financière ou à la gestion d'affaires.

Cela étant dit, je dois spécifier que cette forme de radiesthésie est l'une des plus difficiles.

Dans le domaine boursier, il y a des faits objectifs stables et indéniables. Mais il y a surtout des données très volatiles ou subjectives qui varient de jour en jour, voire d'heure en heure.

Entre autres :

- les possibilités toujours présentes de délits d'initié ;
- les incidents politiques graves ;
- les réactions en chaîne extrêmement rapides des ordinateurs boursiers (qui sont largement responsables du dernier grand crash) ;
- le caractère souvent plus irrationnel que raisonné des décisions que prennent les boursiers ;
- l'obsession de gagner et la peur de perdre ;
- les courants de panique ou d'optimisme excessif ;
- les pseudo tuyaux et les rumeurs mal fondées.

Généralement, prendre une bonne décision dans de telles conditions, c'est donc un peu comme bâtir une maison sur des sables mouvants. Mais cela ne veut pas dire qu'il soit impossible de «fonder» une décision sur une base très solide.

En vous entraînant à la neutralité radiesthésique, vous serez en mesure de faire abstraction de tout ce prodigieux chaos mental qui agite l'univers de la haute finance. Vous saurez alors détecter les forces cachées qui tirent les ficelles.

Un peu en-dessous de la surface d'un océan secouée par la pire des tempêtes, tout reste immensément calme. Pensez à cette phrase du philosophe grec Héraclite : «Mieux vaut l'harmonie invisible».

Choisissez les bons clients et les bons associés

Qui dit faire de bonnes affaires dit également bons associés et bons clients. À qui vous fier ? Avec qui ferez-vous les meilleures affaires ?

Une personne peut avoir le profil parfait au regard de vos critères : formation, apparence physique, dynamisme, etc. Mais est-elle vraiment ce qu'elle paraît être ? A-t-elle trop de problèmes personnels ? Une maladie grave ? Ou bien n'a-t-elle pas des motifs inavouables ? À beau mentir à qui vient de loin...

En affaires plus qu'ailleurs, la méfiance - ou du moins, la prudence - est de rigueur.

Par ailleurs, dans le cas d'un associé, il ne suffit pas que celui-ci soit travailleur et parfaitement digne de confiance. Vous portera-t-il chance et vous aidera-t-il à vous propulser vers de nouveaux sommets ? A-t-il la «baraka» des battants ?

De même, choisir un bon employé n'est pas chose aisée. Et c'est encore plus difficile de trouver l'«oiseau rare» qui, non seulement fera du bon travail mais aussi, vous surprendra par ses initiatives et le nouvel élan qu'il donnera à votre entreprise.

Pour cela, il lui faut ce «quelque chose» de non mesurable et qui est souvent difficile à détecter par les moyens habituels.

D'où l'utilité de la radiesthésie, qui peut :

- vous mettre en contact avec un candidat exceptionnel que vous n'auriez peut-être pas trouvé par les moyens de sélection habituels : curriculum vitæ, bureau de recrutement, etc. ;
- vous faire gagner du temps, en vous aidant à sélectionner les meilleurs candidats dans une liste interminable ;
- vous aider à faire un choix difficile, si vous hésitez entre plusieurs candidats au profil identique.

Vos connaissances immédiates et conscientes ne sont pas toujours suffisantes quand vient le temps de choisir un client ou encore l'associé ou l'employé de vos rêves. En faisant appel à votre subconscient, vous pouvez gérer efficacement une plus grande quantité de données.

Comment vous y prendre

S'il s'agit de trouver un bon employé par exemple, il ne suffit pas de demander au pendule «X... est-il l'employé qui me convient ?»

Soyez le plus précis possible dans votre interrogation mentale, de crainte de rejeter une personne valable. Dressez une liste de tous les critères essentiels pour faire un portrait-robot de l'associé parfait.

Une fois que vous aurez cette liste, prenez alors votre pendule et passez en revue la liste.

Il est important d'avoir une liste précise de vos critères pour ne pas écarter injustement un sujet intéressant et compétent.

De façon générale, il n'est pas souhaitable de se fier à la seule radiesthésie pour découvrir l'employé en or. La radiesthésie doit plutôt servir de technique complémentaire pour vous forger une opinion.

Il ne faudrait pas que la radiesthésie devienne une technique de discrimination.

E. Conseils pour les consultants en gestion financière

Peut-être ce chapitre vous a-t-il donné le goût de vous spécialiser en radiesthésie financière.

Tout en tenant compte des recommandations déjà spécifiées plus haut, n'oubliez pas aussi de vous interroger sur le facteur-clé : la personne qui vous consulte. Celle-ci :

- est-elle honnête ?
- a-t-elle une intention cachée qu'elle n'ose pas vous révéler ?
- est-elle réceptive aux conseils des autres ?
- a-t-elle une idée claire de ce qu'elle veut ?
- est-t-elle au courant de tous les éléments en jeu ou n'a-t-elle qu'une vision partielle et

rigide de sa situation ? Etc.

Une réponse négative à l'une ou plusieurs des questions qui précèdent risque de vous empêcher d'élucider le problème que le client vous soumet.

Votre première question au pendule sera donc par exemple : *«Est-il possible de répondre à la question de Monsieur (ou Madame) ... ?»*. Pour être certain que vous êtes en mesure de le faire, demandez aussi : *«Puis-je le faire dès maintenant ?»*.

Dans l'affirmative, poursuivez votre investigation.

Peut-être aurez-vous des difficultés au début. Le consultant est un peu confus. Il n'arrive pas à formuler exactement son problème, même s'il est de bonne foi.

Avec un jeu de questions et de sous-questions, vous pourrez aider votre client à voir clair dans sa situation. Alors seulement, il vous sera possible de faire un pronostic financier valable.

De façon générale, il n'est pas souhaitable de répondre directement à une question du genre *«Madame... fera-t-elle une bonne affaire en achetant le magasin... ?»*.

Il vaut mieux d'abord examiner la vie de Madame... dans son ensemble pour estimer dans quelle mesure l'achat d'un commerce lui apportera le bonheur auquel elle aspire. Autrement dit, cet achat ne nuira-t-il pas à sa vie familiale, à ses aspirations artistiques, à sa santé, etc.

Il arrive souvent que la question posée au départ en cache une autre. Les gens vous seront alors très reconnaissants de leur avoir fait comprendre que leur intention «consciente» ne correspondait pas finalement à leur aspiration profonde.

Dans le cas de Madame... la question s'avèrera peut-être, en réalité : *«Dois-je m'acheter une maison à la campagne pour avoir le temps d'écrire mon roman ?»* ou *«Pourrais-je cesser de faire des dépenses inutiles ?»*

Bien gérer son argent, c'est également bien gérer ses émotions et ses désirs. Quelqu'un peut fort bien être pauvre mais être «au-dessus de ces contingences.»

Vous aiderez vraiment votre client en lui montrant comment sa vie intérieure n'est pas séparée de ses actions extérieures.

Interrogez-le à fond de telle sorte qu'il puisse lier son conscient et son subconscient. C'est essentiel pour qu'il n'y ait aucun brouillage dans les messages qui passent de son subconscient au vôtre.

Les informations obtenues durant cette phase initiale de la consultation vous permettront aussi d'établir un diagramme-tableau ou un diagramme-cadran (voir chapitre 14). Ce diagramme-tableau montrera la situation du client dans toute sa complexité.

Une fois que ce diagramme sera établi, le pendule répondra de manière plus nuancée et donc plus précise aux questions financières.

Donc, n'oubliez pas ce grand principe : dans la plupart des cas, la situation financière d'une personne reflète fidèlement son organisation psychique.

Chapitre 20

LA RADIESTHÉSIE MÉDICALE

Le radiesthésiste de Nevez

Les années passèrent, ces années d'après-guerre, avec une frénésie de consommation aussi grande que les privations connues. On rebâtissait, on taillait des vêtements neufs, on replantait, et surtout on mangeait mieux.

La découverte de la pénicilline en 1945 redora le blason de la médecine, puis ce furent les sulfamides. Les rebouteux et les sourciers, ces artisans, furent vite rangés parmi les arriérés. D'ailleurs, tout ce qui était traditionnel faisait arriéré : le costume breton que tant de gens abandonnèrent, les sabots remplacés par des chaussures de cuir, les cuisinières à bois et au charbon délogées par l'électricité, les chevaux remplacés par des machines agricoles et le chapeau breton à rubans de velours troqué pour une casquette.

Dieu merci, on continua à faire des crêpes dentelle, luisantes de beurre. A cette époque, les cercles folkloriques commencèrent, pour préserver l'héritage des danses bretonnes. L'enseignement de la langue bretonne fut officialisé. Un réveil se faisait, en réaction à une modernisation bienfaisante, certes, mais plutôt dédaigneuse du passé.

Soudain, les gens eurent conscience des trésors de leurs coutumes. Le savoir des keven (sorcières) intrigua les jeunes. On se raccrocha aux sources. Moi comme les autres.

C'est ainsi que j'entendis parler du radiesthésiste de Nevez. On affirmait qu'il pouvait savoir de quoi on souffrait et qu'il guérissait.

J'allai donc à Nevez.

Une démarche pleine de compassion

Une belle maison de granit très traditionnelle. Un homme aux cheveux noirs bouclés et aux yeux bleus très pâles nous ouvre.

- On vient voir le radiesthésiste de Nevez.

- C'est moi.

- On nous a dit que vous soigniez.

- Oui et non.

- Non ? On a fait le voyage pour rien ?

- Rassurez-vous, Madame. Je ne soigne pas, j'aide les gens. Vous avez besoin d'aide ?

- Si vous pouvez. Mais on ne veut pas vous attirer d'ennuis.

- Effectivement (il rit). Cela fait trois fois qu'on me fait comparaître au Tribunal de Quimper. Je suis attaqué par les médecins de gens que j'ai pu aider. Ces médecins n'obtenaient pas de résultats. Ils sont dépités de voir que leur malade ait pu être soulagé. En fait, on ne me reproche pas d'avoir soulagé, on me reproche d'avoir diagnostiqué et soigné. Or, pour aider les gens,

faut bien que je sache ce qu'ils ont.

- On nous a dit ça. Et vous avez gagné.

- Oui, porté en triomphe à la sortie du tribunal par des gens jusqu'au bistrot de la Place Terre-au-Duc où ils voulaient arroser ça d'un coup de cidre.

Les juges savaient qu'il valait mieux ne pas trop se mettre la population à dos, surtout quand les résultats sont là.

- Les gens sont reconnaissants et parlent de vous. Avez-vous encore le droit d'aider les gens, après tous ces procès ?

- A certaines conditions. D'abord, je ne demande pas d'argent. Si je vous présentais ma note, je serais un médecin illégal. Ensuite, je n'aide que les gens recommandés par d'autres gens que j'ai aidés. J'aime mieux éviter les pièges et les dénonciations, alors que je suis chez moi. Je suis bien libre de jouer avec un pendule si cela me plaît.

Qui vous a recommandée ? Ah, Monsieur Le Corre ? Bien. Je dois vous dire aussi que j'étudie sur des planches en carton que vous allez voir. Ce n'est donc pas dangereux. Je ne touche absolument pas les gens.

Si j'indique un remède, ce ne sont que des produits homéopathiques. Je n'en suis pas l'inventeur, Hahnemann étant né plus de cent ans avant moi. Si je vous indique une médecine homéopathique à prendre, vous irez l'acheter à la pharmacie vous-même ; je ne vends rien. Je ne promets pas de vous aider, même si je vais essayer sincèrement de le faire.

Il me décrit mon histoire médicale avec une surprenante exactitude

On passa dans son bureau de travail. Les murs étaient tapissés sobrement de photos de plantes médicinales. Sa table, en revanche, était surmontée d'au moins dix centimètres de grandes planches anatomiques. Il explorait ainsi les divers systèmes du corps humain.

À sa main gauche, il gardait un grand plateau de bois percé de trous symétriques. Il y avait disposé une centaine de tubes de verre d'un centimètre de diamètre. Fermés de bouchons de liège, ils contenaient des perles blanches.

Il me fit asseoir près de sa table. Il commença à promener un pendule au-dessus d'une planche, puis d'une autre, puis d'une troisième. Il revint à la première, posa quelques questions.

- Vous vous êtes blessée à la tête, un jour ?

- A la tête ? (surprise, c'est si loin). J'avais trois ans. J'ai fait une galipette et j'ai cogné le radiateur.

- Je le vois. Une petite fracture ancienne sans gravité. C'est à droite que vous avez mal. Exact ?

- Oui.

Il prit alors un tube dans sa main gauche et observa la réaction du pendule. Il reposa le tube, en prit un autre, un troisième, un quatrième, reprit le deuxième.

- C'est Pulsatilla qui vous décrit le mieux, finit-il par me dire. Vous voyez, vous avez un kyste sur l'ovaire droit. Et cela provoque une douleur. C'est même assez important. Mais si

nous nous voyons plusieurs fois, on pourrait arriver à résorber ça.

- Les médecins m'ont même dit que je suis stérile.

- Je n'en suis pas si sûr.

- Je dois partir pour Paris d'ici un mois. Connaissez-vous quelqu'un là-bas qui pourrait continuer avec la même méthode ?

- Non. Mais vous pouvez, trois ou quatre fois par an envoyer une mèche de cheveux à votre mère, qui viendra, elle, me voir. Comme elle est du même sang que vous, qu'elle aura dans sa main un «témoin», vos cheveux constituant un témoin, je pourrai lire sur mes planches aussi bien que maintenant où vous êtes assise devant moi.

- Merci. Combien vous doit-on ?

- Rien du tout. Nous recevons ainsi des dons de la nature ; la tradition dit que pour les garder, nous devons les donner, pas les monnayer. Vous êtes libre de laisser de l'argent sur la table dans l'entrée, si vous avez l'impression que vous me devez quelque chose. Vous pouvez aussi partir sans rien laisser et revenir autant de fois que vous voudrez me voir. Je ne vous demanderai rien. Mon métier, c'est apiculteur. Je n'attends donc pas l'argent venant de la radiesthésie. Certaines gens tiennent absolument à payer. Recevoir est une forme d'humilité. J'augmente mes connaissances en multipliant les cas que j'examine. Si je vous aide, vous m'aidez aussi.

Comment le mal disparut

À Paris, je consultais un gynécologue de renom par précaution. Il me dit qu'il faudrait songer à une opération l'année suivante. Sans le lui mentionner, je continuai à prendre des remèdes homéopathiques.

L'année suivante, ce médecin constata une diminution du volume du kyste. La troisième année, il me fit part de son étonnement total : il ne sentait plus de kyste. Il ne comprenait rien. Il était bien sûr content pour moi.

Je ne lui ai jamais dit comment, tant il y avait de mépris dans ses réponses. Car, j'avais un jour risqué une question :

- Peut-on dissoudre ces kystes ?

- Non, Madame, ça grossit constamment ; un jour ou l'autre, il faut couper.

- Pourtant il me semblait qu'avec l'homéopathie...

- Foutaises, chère Madame. Je suis passé par les Hôpitaux de Paris. J'en ai vu. L'homéopathie, si vous n'avez rien à soigner, ça guérit très bien.

À la même époque, le radiesthésiste de Nevez déclara à ma mère :

- Le pendule n'indique plus de zone d'inflammation. Je ne vois plus de kyste. A mon avis, le corps auquel appartient ces cheveux se porte très bien.

J'étais tellement stérile que j'ai 3 enfants magnifiques...

Les possibilités de la radiesthésie en matière de santé

Je me suis permise de vous raconter ma petite aventure personnelle pour témoigner de ma profonde confiance dans les possibilités de la radiesthésie médicale. Depuis le radiesthésiste de Nevez, j'ai bien vu à quel point la radiesthésie pouvait aider les médecins et thérapeutes à «voir plus loin que le bout de leur nez».

La combinaison de la radiesthésie et de l'homéopathie est l'une des plus fréquentes en radiesthésie médicale. Mais toutes les disciplines médicales, qu'elles soient officielles ou parallèles, peuvent bénéficier de la radiesthésie.

Il m'est arrivé de rencontrer des médecins qui se servent discrètement de la radiesthésie en consultation pour comprendre les cas ambigus ou pour évaluer une impression que les méthodes courantes ne peuvent vérifier.

Si leur doute se confirme, ils font alors passer des tests plus complets à leurs patients. Certains ont ainsi pu détecter des maladies graves, avant qu'il ne soit trop tard.

Il existe d'ailleurs une <u>Association française des médecins radiesthésistes</u>. Et certains d'entre eux n'hésitent pas à professer publiquement leur foi radiesthésique, tel le docteur Albert Leprince avec son désormais classique *Radiesthésie médicale : applications de l'art du sourcier à la médecine humaine.*

Entre de bonnes mains, la radiesthésie médicale s'avère un excellent outil diagnostic. Mais elle est aussi une technique de guérison et de prévention.

Pour la guérison, elle permet de :

- sélectionner le type de discipline thérapeutique, de remède ou de régime alimentaire à appliquer pour la plupart des maladies courantes ;
- découvrir la cause des allergies qui ne s'expliquent guère par les moyens habituels ;
- trouver l'origine psychologique des maladies psycho-somatiques ;
- réagir efficacement en cas d'urgence si un médecin n'est pas disponible ;
- travailler «énergétiquement» sur les «nœuds» psycho- musculaires.

Pour la prévention, elle montre :

- les troubles potentiels ;
- la façon de les enrayer à la source (aliments à éviter, dosage correct de vitamines et minéraux, mode de vie adéquat, type de stress à éviter, climat à rechercher, etc.).

Les techniques de base

Les techniques de base en radiesthésie médicale ont déjà été partiellement expliquées au chapitre 14. Les voici plus en détail.

En radiesthésie médicale, une bonne partie du travail peut s'effectuer avec les divers types de diagrammes. Le doigt-antenne ou un objet pointu sert à désigner au subconscient l'élément auquel le pendule doit réagir.

L'usage des planches anatomiques

Il y a les planches anatomiques générales qui montrent le corps humain de face ou de dos. Selon le cas, ces planches représentent simultanément ou exclusivement la place des organes, le système sanguin, le système musculaire, le squelette.

Il y a aussi les planches anatomiques locales qui représentent la coupe d'une articulation, d'un organe, de l'épiderme, etc.

Outre ces catégories de planches classiques, il existe également des planches anatomiques indiquant par exemple les méridiens et les points d'acupuncture. Chaque forme de médecine naturelle possède ses propres planches anatomiques établies en fonction de la théorie de base.

Lors du diagnostic pendulaire, vous vous servirez du premier ou du deuxième type de planche, en fonction de vos besoins :

- Si vous n'avez aucune idée de l'état de santé de la personne, vous commencerez évidemment par une planche du premier type.

- Une fois que vous saurez où se localise approximativement le trouble, il sera alors utile de prendre une planche du deuxième type. S'il s'agit d'un problème au genou, par exemple, une coupe détaillée du genou vous permettra de préciser la nature du problème. Et si nécessaire, posez des sous-questions très nuancées.

Dans certains cas particuliers, le radiesthésiste utilise des planches plus spécialisées. Ainsi, pour les thérapies de nature «énergétique», une planche montrant les méridiens d'énergie permettra de diagnostiquer l'endroit où l'«énergie» bloque.

Les diagrammes-tableaux ou les diagrammes-cadrans

Bien souvent, les diagrammes permettent plus de précision et de rapidité. De surcroît, ils ne vous limitent pas au seul diagnostic car ils peuvent aussi servir à choisir le meilleur remède.

Structurez vos diagrammes-tableaux ou vos diagrammes-cadrans de manière à inclure un maximum de données. Cependant, veillez à ce que tous les éléments soient parfaitement hiérarchisés en catégories et sous-catégories.

La radiesthésie par toucher direct

Plutôt que de toucher une image du corps, il est possible de toucher une partie du corps avec le doigt-antenne. Demandez ensuite au pendule si le problème est à ce niveau, etc.

Cette technique est surtout utile pour désigner globalement la partie malade et pour l'évaluation générale d'une partie malade. Pour en savoir plus, il vous faudra une série de questions très précises ou un diagramme.

La téléradiesthésie médicale

Il est possible de faire également de la téléradiesthésie médicale. Autrement dit, de traiter les patients à distance.

En l'absence de la personne, il est toujours préférable à vos débuts de posséder un témoin. Une photo peut convenir. Mais il se peut que vous jugiez qu'un témoin corporel (cheveux, sang, urine, etc.) vous permette de vous concentrer encore mieux sur l'aspect physique de la personne.

Attention aux mouvements du pendule.

Dans le diagnostic pendulaire, les diverses réactions du pendule peuvent apporter toutes sortes d'indications très utiles. Voyez la dernière section du chapitre 14.

Un cas particulier : la médecine de l'habitat

Sans doute avez-vous entendu parler des études récentes qui pointaient du doigt les lignes à haute tension et les ondes électro-magnétiques. Celles-ci seraient notamment responsables de troubles du sommeil chez l'adulte et de leucémie chez les enfants.

L'une des études les plus importantes en ce domaine fut réalisée par des chercheurs suédois et publiée en 1992. Elle fut jugée suffisamment probante pour amener le gouvernement de la Suède à prendre des mesures draconiennes.

Cependant, l'électro-magnétisme ne constitue que l'un des nombreux dangers qui menacent votre maisonnée.

Certains d'entre eux sont directement liés au tellurisme du lieu, c'est-à-dire aux énergies électro-magnétiques qu'émettent les courants d'eau souterrains et les failles géologiques. Ce que les géobiologues* appellent aussi des <u>anomalies du champ magnétique terrestre</u>.

Un radiesthésiste allemand, le baron Von Polh** est l'un des principaux instigateurs de la recherche dans ce domaine.

---

* C'est-à-dire ceux qui étudient comment les lieux et les maisons peuvent influer sur notre état de santé.

**Voir *Earth Currents : Causative Factor of Cancer and Other Diseases*, G.F. Von Pohl, 1932.

À la fin des années 30, ce dernier entreprit des recherches dans un petit village d'Allemagne, Vilsbiburg, où le taux de cancer était anormalement élevé. Ses investigations l'amèneront à constater que les lits des cancéreux se trouvaient presque toujours situés au-dessus d'une importante veine d'eau.

On tenait là enfin une première explication rationnelle de ces fameuses «maisons à cancers». Plus besoin de parler de «maisons hantées» !

Par la suite, des scientifiques - en particulier Hans Nieper, un spécialiste du cancer - s'interrogeront sérieusement sur les risques de maladies associés à un tellurisme négatif.

Parmi les problèmes les plus souvent cités en regard des lieux géopathogènes, citons entre autres : cancer, arthrite, dépression, fatigue, mauvaise concentration.

Notez qu'il existe d'autres problèmes associés au sous-sol. Parmi ceux-ci, les géobiologues accusent tout particulièrement le radon (un gaz très toxique) et la radio-activité naturelle des lieux.

Plus récemment, des recherches ont également mis en lumière un autre danger : les maladies environnementales. Ces maladies résultent de l'exposition prolongée à divers polluants présents dans la maison. Ces maladies demeurent généralement inexplicables jusqu'à ce qu'un médecin futé prenne en considération le milieu de vie du malade.

Les éléments les plus souvent mis en cause sont les suivants :

- vaisselle qui ne répond pas aux normes de fabrication ;

- matériaux de construction non naturels : bois traité, colle, peinture, etc. ;
- produit de nettoyage ;
- tapis neufs ;
- insecticides et fongicides chimiques.

Vous devez tenir compte également des problèmes liés aux animaux (infestation, allergie, etc.) ainsi que du manque d'aération et d'ensoleillement.

A cela s'ajoutent des facteurs plus subjectifs : disposition des pièces ou des meubles, couleurs (voir chapitre 15), pensées entretenues dans les lieux par les habitants passés ou actuels, décorations telles que peintures ou sculptures, ondes de forme, etc.

Pour étudier ce genre de problème, faites des diagrammes qui répertorient de manière détaillée les facteurs de risques telluriques, électro-magnétiques, chimiques, dus aux animaux et aux humains.

Vous pouvez étudier cette spécialité radiesthésique pour vos besoins propres mais aussi pour devenir consultant. Assurément, c'est là une discipline radiesthésique qui a beaucoup d'avenir.

Au chapitre suivant, j'aborderai un autre aspect de la radiesthésie médicale : la radiesthésie vétérinaire.

Chapitre 21

AUTRES UTILISATIONS DE LA RADIESTHÉSIE

A. Radiesthésie militaire

Recherche de sources non empoisonnées

La petite histoire de la radiesthésie nous apprend que, tout au long des siècles, des sourciers accompagnèrent les armées dans leurs déplacements.

Ces sourciers faisaient généralement office d'éclaireurs. Ils précédaient de quelques jours leur armée pour trouver les meilleurs sites de campement sur la route. Ils devaient non seulement détecter les points d'eau mais aussi vérifier si l'ennemi ne les avait pas empoisonnés.

Le XXe siècle ne fait pas exception. Ainsi, durant la deuxième guerre mondiale, Rommel s'est servi de sourciers pour trouver de l'eau en Afrique du Nord.

Déjouer l'ennemi

La recherche de l'eau n'est pas le seul objectif de la radiesthésie militaire.

Vous vous souvenez sans doute de Verne Cameron, cet extraordinaire radiesthésiste américain dont j'ai déjà parlé dans l'introduction ? La Navy et la CIA le considéraient à ce point comme une menace pour la sécurité nationale qu'il ne pouvait quitter les États-Unis.

Mais ce ne fut pas la première fois que les autorités américaines étudièrent les possibilités de la radiesthésie avec un tel sérieux pour autre chose que la recherche d'eau.

Ainsi, durant la guerre du Viêt Nam, le secrétaire à la Défense, Robert McNamara, chercha des moyens inhabituels qui permettraient de localiser des mines, des caches de matériel militaire, des tunnels souterrains, etc.

Un sourcier américain reconnu, Louis Matacia, proposa donc à la Marine américaine d'explorer les possibilités de la radiesthésie. Des expériences eurent lieu dans un petit village typique de l'Asie du Sud-Est.

Il s'agissait en fait d'un village asiatique «reconstitué» qui servait à l'entraînement militaire. Tout comme un village vietcong, son sous-sol était truffé de tunnels, de puits de mines, de caches d'arme, de câbles de communication, etc.

Utilisant une simple baguette confectionnée avec un cintre de métal, Louis Matacia détecta sans erreur les diverses installations militaires dissimulées sous terre. Et il le fit avec une précision renversante qui impressionna fortement les officiers présents.

Néanmoins, en l'absence d'explications scientifiques satisfaisantes, ceux-ci en vinrent à la conclusion que Matacia avait tout simplement eu de la chance. Par conséquent, dans leur rapport, ils ne recommandèrent pas l'usage de la radiesthésie à des fins militaires.

Heureusement, les recommandations de ces officiers allaient rester lettres mortes.

Les exploits de Matacia étaient en effet parvenus jusqu'à des oreilles plus réceptives. De nombreux militaires du Viêt Nam commencèrent - officieusement - à expérimenter la radiesthésie et répétèrent les mêmes exploits que Matacia.

Leurs succès furent tels que la nouvelle se répandit dans les médias. Tout commença par un article que le correspondant de guerre, Hanson Baldwin, publia dans le numéro d'octobre 1967 du New York Times : «Dowsers Detect Enemy Tunnels». Puis d'autres journaux, des magazines, la radio et la TV diffusèrent à leur tour la nouvelle et en firent grand cas.

La radiesthésie durant la guerre 40-45

S'il est vrai que la Marine américaine fit la fine bouche - du moins officiellement - devant la radiesthésie, tel ne fut pas le cas de l'armée allemande durant la guerre 40-45. Comme le rapporte Maurice Le Gall, radiesthésiste et prisonnier de guerre :

«Il est hors de tout doute que l'armée allemande a utilisé la radiesthésie pour la recherche des convois alliés et leur attaque par ses sous-marins. Dans certains camps de prisonniers français, on a vu des officiers allemands maniant le pendule et la Gestapo avait reçu l'ordre de saisir tous les pendules et toutes les baguettes détenues par les prisonniers : on nous a ainsi confisqué une cinquantaine de pendules qui étaient remplacés immédiatement par d'autres, généralement fondus dans l'étain des tubes de peinture à l'huile ou à l'eau.

A l'Oflag IV D, un capitaine allemand nous dit, en 1942 : «Ne creusez plus de souterrains : vous ne vous évaderez plus par ce moyen». De fait, nous avons vu des équipes allemandes défoncer des souterrains au point exact où ils arrivaient, à quelques mètres du barbelé.» (in *Toute la radiesthésie*, p. 128)

Dans un autre camp de prisonniers, Maurice Le Gall a découvert les possibilités d'une forme de radiesthésie militaire bien particulière :

«Nous-mêmes, quand nous étions prisonniers à l'Oflag VI, nous suivions au pendule, la marche des avions anglais ou américains venant bombarder la Ruhr et notre «tracé de route» nous indiquait si l'alerte claironnée par la Kommandantur devait ou non nous inquiéter. Enfin, nous tenions à jour la carte des postes allemands gardant la frontière dans les environs de Metz afin de renseigner les camarades dont l'évasion était prévue dans cette région...» (in *Toute la radiesthésie*, p. 128)

B. Élevage et agriculture

À l'origine la «sourcellerie» avait un lien étroit avec l'agriculture. Ne fallait-il pas trouver de l'eau pour le bétail ou découvrir le moyen d'irriguer les champs ?!

Les fermiers des temps anciens ont vite compris tout ce que la «sourcellerie» pouvait leur apporter :

- déterminer les sols les plus favorables à une culture en particulier (particulièrement utile à une époque où l'on ne connaissait pas encore les techniques d'analyse chimique du sol) ;
- évaluer la qualité de l'eau destinée au bétail ;
- diagnostiquer les maladies des animaux de la ferme ;
- sélectionner les meilleures bêtes reproductrices ;
- savoir si l'on essayait de vendre des bêtes volées, malades ou maquignonnées ;
- choisir les meilleures graines ;
- trouver le sexe des œufs ;
- trouver le meilleur site pour construire les étables (afin d'éviter les problèmes d'ordre tellurique) ;
- retrouver les animaux égarés ou volés.

Plusieurs de ces usages sont encore très pertinents à notre époque. Les fermiers modernes auraient tort d'associer la radiesthésie à une forme d'agriculture révolue.

En radiesthésie agricole, la baguette est souvent préférée au pendule puisque le radiesthésiste opère souvent à l'extérieur.

Si vous travaillez à l'intérieur avec un pendule, le mieux est de faire des diagrammes qui incluent tous les types de problèmes ou de solutions (voir chapitre 14). De cette façon, vous obtiendrez plus rapidement des informations précises.

Maladie des animaux de ferme

Si vous n'êtes pas vétérinaire, vous devrez pouvoir réagir efficacement si un de vos animaux tombe malade. La radiesthésie avec diagramme vous permet de diagnostiquer le problème avec justesse et d'y trouver un remède ou une solution temporaires avant l'arrivée du vétérinaire.

Ayez toujours à portée de la main des diagrammes vétérinaires afin de pallier à toute éventualité. Voici comment les faire vous-même :

■ Dans un premier temps, il s'agira de relever les maladies les plus courantes répertoriées par types d'animaux.

■ Dans un deuxième temps, recensez les remèdes (médicaments chimiques, plantes, granulés homéopathiques, etc.) ou les formes d'intervention possibles pour chaque type de problèmes courants (alimentation, bandage, éclisse, etc.).

■ Enfin, disposez toutes ces informations sur plusieurs diagrammes.

NB : Faites-vous aussi un diagramme-cadran divisé en 10 marques pour déterminer les dosages et la fréquence des traitements.

La question des lieux malsains

Certaines maladies résistent mystérieusement aux soins des vétérinaires les plus dévoués et les plus compétents. Dans ce cas, une étude radiesthésique des lieux s'impose.

Dans un livre désormais classique, *Les veines qui tuent*, le radiesthésiste Ach. Desbuquoit (un religieux barnabite) a fait part de ses expériences avec la baguette. En voici un extrait fort éloquent :

«Ma baguette ayant signalé le passage d'un courant sous une aile de la ferme B., à L., je demandai au fermier :

- Y-a-t-il des bêtes, là-bas, au coin du bâtiment d'en face ?

- Oui, c'est le coin réservé aux veaux.

- Oh là là ! ne pus-je m'empêcher de m'écrier. Alors vous devez en perdre souvent...

- Venez voir me dit-il d'un air sombre, et se dirigeant vers l'étable, il l'ouvrit en disant : «Regardez-moi ça !»

Un veau râlait, piteusement étendu sur le flanc, la tête renversée en arrière, le regard vitreux, presque éteint.

- Ce cas est fréquent ? lui demandai-je.

- C'est comme ça la moitié du temps au moins. Si ce n'est pas rageant ! Je me demande ce qui se passe ici.

- Et le vétérinaire, qu'en dit-il ?

- Que voulez-vous qu'il dise ? Il ne trouve rien. C'est un vrai mystère.

- Non, mon ami, dis-je, il n'y a ici aucun mystère. Le mal vient de ce qu'un courant souterrain passe en cet endroit et fait du tort à votre bétail. C'est ainsi partout où une veine passe sous le ventre des bêtes. Et voilà pourquoi je me suis écrié tantôt : «Oh là là !» quand vous m'avez dit qu'il y avait ici des veaux. Ni veaux, ni vaches, ni chevaux, ni cochons ne peuvent bien se porter en cet endroit. Mettez ici de la paille, des provisions, des ustensiles, tout ce que vous voudrez, pourvu que ce ne soit pas des êtres vivants.»

Le transfert des animaux suffit généralement à mettre fin aux maladies et aux morts en série, comme le montrent bien plusieurs des autres témoignages que cite Ach. Desbuquoit.

Plus près de nous, le docteur Henry Quinquandon a constaté lui-aussi l'existence de ce qu'il appelle des «étables à problèmes» :

«Là encore, j'ai de très nombreuses observations particulièrement éloquentes. Je crois que le summum dans ce domaine est le cas d'une porcherie en Bretagne où il n'a jamais été possible d'engraisser le moindre porc. Cette porcherie est définitivement fermée. J'en connais une autre où, ni les antibiotiques ni les vaccins n'ont donné le moindre résultat.

... Il y a aussi cette immense stabulation libre où depuis plus de deux ans, sévissaient des mammites incoercibles qui se sont envolées comme par enchantement lorsque les mesures adéquates ont été appliquées.»

Comme pour les habitations humaines, divers facteurs peuvent rendre un lieu nocif. Mais la présence de courants souterrains ou de failles géologiques reste l'une des plus significatives. Les animaux y sont sans doute encore plus sensibles que les êtres humains.

La radiesthésie est le moyen idéal de détecter ces anomalies telluriques mais aussi de voir comment y remédier.

Modernisez votre démarche

Je connais des gens qui mirent sur pied un service de consultation agricole pour aider les fermiers à mieux gérer leur entreprise agricole avec l'informatique et la... radiesthésie.

Comme vous le savez peut-être, il existe de nombreux logiciels agricoles qui permettent d'optimiser la production laitière ou céréalière et de mieux gérer les coûts. Ces logiciels représentent déjà une grosse amélioration par rapport aux techniques de gestion traditionnelle.

Mais comme les fermiers sont rarement intéressés à étudier l'informatique, ils sont très heureux de recevoir la visite de ces consultants agricoles.

Quand les fermiers sont ouverts à l'idée (ce qui est souvent le cas), ces consultants utilisent aussi la radiesthésie pour résoudre des questions difficiles, conseiller des achats de matériel, faire des pronostics, etc.

Si ce genre de travail de consultation vous intéresse, référez-vous aux conseils déjà donnés dans le chapitre 19 consacré à la radiesthésie financière.

C. Trouvez la maison de vos rêves

Tout récemment, une de mes connaissances cherchait une nouvelle maison. C'était un radiesthésiste du dimanche - mais doué.

À l'aide de son pendule, il se mit à examiner une carte de la municipalité où il espérait trouver un logement. Le pendule indiquait nettement un certain coin de rue.

Il se rendit donc à cet endroit. Non seulement, il y avait bel et bien une maison à vendre à cet endroit, mais de surcroît, elle ne coûtait qu'une bouchée de pain, tout en étant fort convenable.

De fait, si vous prenez la décision de déménager, le pendule pourrait s'avérer fort utile tant pour trouver le quartier idéal que pour acheter une maison à un prix intéressant.

Si vous achetez une maison, essayez aussi de détecter les problèmes actuels ou potentiels que le propriétaire ou l'agent d'immeubles vous cache.

De surcroît, à l'aide d'un plan ou, sur place, vous pouvez examiner par la radiesthésie si le sous-sol du terrain est une zone tellurique perturbée. Il sera également possible de passer en revue tous les facteurs de risques environnementaux déjà décrits au chapitre précédent.

Par la suite, faites cependant contrevérifier vos résultats par un ou deux géobiologues.

D. Recherche d'informations rares ou spéciales

L'étymologie du mot «sourcier» indique évidemment que le sourcier est un chercheur de sources. Mais la radiesthésie ne permet pas seulement de trouver des sources d'eau. Elle peut aussi s'avérer très utile pour trouver des sources d'... informations. Ce qui est évidemment fort intéressant pour les étudiants, les journalistes ou les documentalistes en tous genres.

Récemment, l'une de mes connaissance me parlait d'un journaliste qui possède un don extraordinaire pour trouver très vite les informations dont il a besoin.

Ce journaliste rentre, par exemple, dans une bibliothèque et, en position debout, se concentre intensément sur ce qu'il cherche. Puis, tout en restant concentré sur son sujet, il laisse alors son corps déambuler au hasard comme si autre chose que lui-même l'animait.

Il rentre ainsi dans un état de conscience altérée qui équivaut en fait à une sorte de transe légère. Sans faire d'efforts spéciaux pour trouver quelque chose d'intéressant, il regarde ici et là, observe impassiblement ses bras bouger pour saisir des livres ou fouiller sous une pile. Il ouvre également des livres au hasard.

En procédant ainsi, il a vite fait de trouver des renseignements rares et originaux. Il lui arrive aussi de tomber sur des données, qui sans être directement liées à son sujet, lui apportent un éclairage nouveau ou servent d'anecdotes pour étoffer ses textes.

Si nécessaire, il ira par la suite consulter le fichier pour dénicher des livres ou des revues en particulier. Mais là encore, il continuera de «surfer» sur les vagues d'intuition qui agitent la surface de son subconscient.

Sa méthode de recherche-éclair constitue un avantage énorme dans un métier qui n'est pas toujours bien payé. Sans compter, bien sûr, le fait que cette méthode l'aide à sortir des sentiers battus, en matière d'information.

Il a d'ailleurs pour principe que, s'il fait ses recherches selon les procédés habituels, il trouvera seulement les mêmes informations que tout le monde.

Ce journaliste n'est pas un radiesthésiste mais sa démarche s'apparente beaucoup à la radiesthésie. N'est-il pas vrai d'ailleurs que certains sourciers n'utilisent aucun instrument pour détecter l'eau ?

Aussi intuitif soit-il, ce journaliste aurait néanmoins intérêt à étudier systématiquement la radiesthésie. Car, si sa méthode marche à merveille pour trouver des informations disponibles sur place, elle ne lui permet pas de repérer de l'information à distance.

La recherche de données par téléradiesthésie est une spécialité encore peu développée. Mais combien prometteuse !

Comment trouver des informations à distance

L'informatique est déjà en soi un outil remarquable pour le chercheur. Elle vous permet de recenser en quelques minutes tous les articles ou les livres consacrés à tel sujet, etc.

Mais, supposons par exemple, que vous habitiez Paris et que vous cherchiez un livre impossible à trouver par les voies habituelles. Ou, peut-être souhaiteriez-vous tout simplement vous épargner d'avoir à courir d'une bibliothèque à l'autre.

Voici comment procéder :

1. Comme première question, demandez d'abord au pendule : *«Puis- je trouver ce livre à Paris ?»*

2. Si la réponse est positive, essayez ensuite de savoir :
   - si le livre est rarissime, et dans ce cas, s'il y a plusieurs exemplaires disponibles ;
   - quel est le type d'endroit le plus proche où vous pourriez obtenir un exemplaire du livre : librairie, bibliothèque publique, bibliothèque appartenant à une institution scolaire ou à un organisme, marché aux puces,

maison d'un particulier, etc. S'il le faut, dressez une liste exhaustive ou faites un diagramme (voir chapitre 14). Cette étape est essentielle : sinon votre subconscient sera désorienté, ne pouvant «courir deux lièvres à la fois».

3. Quand que vous connaissez le type de lieu, il y a plusieurs solutions :

Faites une localisation sommaire (distance approximative à partir de votre maison, numéro d'arrondissement). En réduisant votre champ d'investigation, vous irez plus vite droit au but. Munissez-vous alors d'une liste de la catégorie de lieux déterminée par le pendule (librairies, bibliothèques, etc.). Puis, travaillez avec le pendule pour savoir dans lequel de ces lieux se trouve le livre. Ensuite, téléphonez ou prenez rendez-vous sur place pour vérifier votre intuition.

Travaillez avec une carte détaillée et une règle (voir chapitre 17). Dès que vous aurez réussi à localiser un point précis, il ne vous reste plus qu'à vous rendre sur les lieux.

Si vous savez qu'il s'agit d'une bibliothèque ou d'une librairie par exemple, il serait surprenant qu'il y en ait plusieurs à l'endroit déterminé par le pendule. Sinon, vous n'avez d'autre choix que de ressortir votre pendule.

Remarques :

Il y a des cas où un livre est véritablement introuvable dans les lieux habituels.

Par exemple, si le livre appartient à un particulier, il pourrait être enfoui dans une vieille malle au fond d'un grenier ou dans un endroit difficile d'accès.

Autre possibilité : si le livre est dans une bibliothèque, il se pourrait que vous n'ayez pas la référence exacte ou que le livre ne soit pas rangé à l'endroit prévu, ou encore qu'il soit mis de côté.

Dans ce cas, une fois sur place, il ne vous reste plus qu'à travailler selon les méthodes expliquées au chapitre 16, pour retrouver les objets perdus.

À noter qu'il est possible de combiner la téléradiesthésie avec la recherche informatique dans les banques de données.

Au début

Les techniques enseignées plus haut, exigent beaucoup d'entraînement. Allez-y progressivement.

Commencez par essayer de retrouver des livres ou des articles égarés dans la maison ou dans votre documentation.

La radiesthésie pourrait aussi s'appliquer à la recherche d'un passage précis dans un livre. Vous recherchez une certaine information, mais vous ne savez plus de quels livres ou articles elle provient.

1. Déterminez d'abord s'il s'agit d'un article ou d'un livre.

2. S'il s'agit d'un article, précisez de quelle revue il s'agit, puis sa date de parution :

   – *«L'article sur ... se trouve-t-il dans ... ?»*

   – *«L'article sur... a-t-il été publié en 90 ? ...92 ? ...93 ?»* etc.

   – *«L'article sur... a-t-il été publié au printemps ? ... en avril ? ... en mai ?»* etc.

S'agissant d'un livre, vous pouvez localiser sa place dans la bibliothèque. Avec la technique du bras-antenne, demandez au pendule sur quelle étagère se situe le livre, et ensuite dans quelle section sur cette étagère.

Il est également possible d'en trouver le titre par un jeu de questions et sous-questions.

Mieux encore, si vous ne savez pas où est le passage désiré, vous pouvez retrouver la page exacte du livre avec des questions telles que :

– *«l'information dont j'ai besoin se situe-t-elle dans les 100 premières pages ?»*

(et si oui)

– *«... entre 50 et 100 ? ... entre 50 et 75 ?»* etc.

Quand vous serez en mesure de mener à bien les expériences précédentes, essayez de faire de la recherche en bibliothèque comme le journaliste dont j'ai parlé plus haut. Mais servez-vous aussi du pendule.

Pour faire une telle recherche, vous pourriez notamment dessiner un plan sommaire de la bibliothèque. Avec le pendule, choisissez la section, puis la rangée où vous avez le plus de chance de trouver un livre intéressant.

Rendez-vous dans cette rangée pour déterminer sur quel rayon et quelle partie de ce rayon il se cache.

E. Orientez votre travail

Que ce soit pour une recherche ou pour la rédaction d'un livre ou d'un rapport, vous pouvez préciser votre orientation et vérifier la valeur de votre travail avec le pendule.

Il n'est pas toujours facile de prévoir si la méthodologie adoptée portera ses fruits ou satisfera la personne à laquelle vous destinez votre travail. Le pendule peut vous aider à préciser les points faibles ou à corriger les erreurs de parcours.

Je connais un scientifique qui emploie la radiesthésie pour orienter sa recherche, établir les protocoles d'expériences, prédire les résultats des essais préliminaires ou encore détecter les failles d'une hypothèse ou d'une expérience. Bien entendu, il reste fort discret là-dessus face à ses collègues.

Cette démarche radiesthésique s'applique donc dans tous les domaines intellectuels, scientifiques ou artistiques. Mais rappelez-vous qu'il n'est pas facile d'utiliser objectivement le pendule pour juger de vos propres efforts.

Si vous ne pouvez chasser de votre esprit toute idée préconçue, vous ne pourrez faire «parler» le pendule. Tout comme pour l'orientation radiesthésique en forêt, l'idéal est d'être vraiment perdu pour tenter d'orienter votre travail par la radiesthésie.

En revanche, il sera plus facile de conseiller quelqu'un qui vous demande d'évaluer son travail par la radiesthésie. Ce serait d'ailleurs là un excellent moyen de faire vos premiers pas dans cette forme peu connue de radiesthésie.

F. Devenez un expert en bricolage

J'y ai déjà fait allusion au chapitre 14. Tout comme il est possible de diagnostiquer des troubles de santé avec des planches anatomiques, vous pouvez détecter la nature de problèmes mécaniques, électriques ou électroniques. Peu importe qu'il s'agisse d'une voiture, d'une radio, d'un ordinateur, du système électrique de la maison ou d'un réseau informatique.

Pour ce faire, il suffit d'avoir un plan détaillé de la machine ou du système. Munissez-vous de votre pendule puis «auscultez» le plan avec un objet pointu servant d'antenne.

Dans bien des cas, le pendule permettra en plus de déterminer la meilleure solution pour effectuer la réparation. Posez vos questions en conséquence.

Évitez de vous faire «rouler» par un garagiste

La radiesthésie vous aidera dans les moments critiques. Par exemple, si vous avez des problèmes de voiture dans un endroit isolé. Gardez donc toujours dans votre voiture le manuel d'instruction.

Il n'est pas toujours possible de réparer la voiture, mais au moins, vous pouvez identifier le problème et voir s'il y a des choses à faire - ou à ne pas faire - en la circonstance.

Peut-être cela vous évitera-t-il aussi de vous faire exploiter par un garagiste peu scrupuleux, tenté d'abuser de la situation. Comme vous l'avez sans doute constaté, il est toujours risqué de se fier à un garagiste rencontré par hasard.

Et pour tout appareil !

Ce qui est vrai pour la voiture vaut également pour la réparation des appareils défectueux. Si vous ne pouvez réparer, vous savez du moins, quel est le problème. Et vous pouvez vérifier si le réparateur fait vraiment ce qu'il a à faire ou s'il essaie de gonfler la facture avec des réparations inutiles.

Il va sans dire qu'avant de fourrager dans des mécanismes sophistiqués en vous aidant du pendule, beaucoup de pratiques - et d'erreurs - sont nécessaires.

G. Loterie, tiercé, prédictions sportives

La radiesthésie donne les meilleurs résultats quand vous l'utilisez pour trouver une réponse à des questions essentielles, voire vitales.

Comme je l'ai déjà mentionné à plusieurs reprises, à l'origine, l'instinct radiesthésiste était intimement lié à l'instinct de survie, au «sens de l'eau». Et cela demeure vrai dans une large mesure. Le subconscient doit être profondément motivé pour fournir des réponses inaccessibles par les moyens habituels.

Il n'est donc pas souhaitable de faire appel à la sagesse du subconscient pour des vétilles ou des demandes immorales. Concevez plutôt le subconscient comme un vénérable sage que vous consultez «quand l'heure est grave». Dans sa grande compassion, celui-ci daignera éclairer des dilemmes psychologiques ou trouver une issue à des préoccupations matérielles légitimes.

Mais, peut-on imaginer un pareil sage répondre à coup sûr à des questions sur le tiercé du lendemain ou la prochaine coupe d'Europe. Pourrait-il même aller jusqu'à encourager des parieurs compulsifs dans leur passion destructrice ? Il est permis d'en douter.

Dans les limites du raisonnable et de la moralité, le subconscient peut néanmoins répondre de temps à autre à des questions plus triviales.

Cependant, n'oubliez pas l'obstacle majeur dans ce genre de recherche. Etant donné le caractère généralement «passionnel» de ce type de préoccupation, vous aurez beaucoup de difficultés à conserver votre neutralité.

Il serait donc surprenant que vous obteniez une réponse exacte avec une simple question comme :

«Le cheval B... va-t-il gagner à la course N° 3 ?» ou *«Quel cheval va gagner à la course N° 3 ?»* (si vous travaillez avec une liste).

«L'équipe de M... gagnera-t-elle en demi-finale de la coupe d'Europe ?»

Procédez plutôt par sous-questions pour évaluer les différents paramètres en cause.

Dans le cas du tiercé par exemple, énumérez d'abord tous les facteurs qui peuvent aider ou défavoriser les chevaux en lice.

Exemples de facteurs positifs : compétence et forme du jockey, santé générale et vigueur du cheval, endurance, départ, température, etc.

Exemples de facteurs négatifs : drogue donnée au cheval ou consommée par le jockey (un facteur de risques à ne pas négliger !), mauvais terrain, adaptation à la température, risque de blessure, stress, niveau de guérison s'il y a eu un accident récemment, etc.

À ce stade, vous pourriez vérifier avec une série de questions pour élucider ces différents points.

Mais le mieux est d'établir un tableau dans ce genre :

Date de la course :
Heure de la course :
Numéro de la course :

	Nom du cheval (nom du Jockey)	Julie (M. Dupont)	Storm (...)	Jessie (...)	Etc
Facteurs positifs	ex : vitalité	6	5	5	
	...	7	6	7	
	...	3	2	6	
	...	8	7	6	
	...	4	3	4	
	1er total	28	23	28	
Facteurs négatifs	ex : température	2	3	1	
	...	1	3	4	
	...	4	3	3	
	...	3	4	2	
	...	2	2	1	
	2ème total	12	15	11	
	Résultat final	16	8	17	
	Meilleur(s) cheval(aux)	1. Jessie 2. ... 3. ...			

1. Pour chaque cheval, évaluez chaque facteur tant positif que négatif à l'aide d'une échelle de 10 chiffres.
2. Soustrayez les facteurs négatifs des facteurs positifs. Le meilleur cheval sera celui qui aura la plus haute note.

H. Devinez le nombre de lettres ou de colis à recevoir

Quand vais-je recevoir une lettre de... ? Vais-je recevoir le paiement pour tel travail - ou mon remboursement d'impôt - cette semaine ? Tel colis arrivera-t-il bientôt ? Autant d'interrogations familières - et cruciales - auxquelles peut répondre votre pendule.

Mais avant de vous fier totalement au pendule pour prendre des décisions importantes, une pratique préliminaire s'impose.

Étape 1

1. Après la mise en condition habituelle, commencez par essayer de deviner le nombre de lettres ou colis que vous recevrez le jour même ou le lendemain. C'est une prédiction qui se vérifie rapidement et sans ambigüité.

   Pour cette première étape, ne faites pas de distinction entre les diverses catégories de lettres ou de colis (amicaux, commerciaux, etc.).

2. Posez d'abord la question *«Recevrai-je un ou plusieurs envois postaux aujourd'hui ?»* ou *«Recevrai-je un ou plusieurs envois postaux demain ?»* selon le cas.

3. Si le pendule répond par l'affirmative, essayez maintenant de deviner le nombre d'envois

postaux.

Si vous disposez d'un diagramme avec une échelle numérique, posez simplement la question *«Combien d'envois postaux recevrai-je demain ?»*. La direction de l'oscillation indique le nombre.

Sinon allez-y par élimination : *«Aujourd'hui, recevrai-je plus d'une lettre/colis ? ... moins de cinq lettres/colis ? ... deux lettres/colis ?»*, etc.

Faites régulièrement cet exercice jusqu'à ce que vous soyez satisfait de votre pourcentage de réussite.

Étape 2

Appliquez les mêmes techniques (questions avec diagramme ou par élimination), mais cette fois-ci, établissez des catégories d'envois postaux. Par exemple :

- revues et journaux : ....
- publicité : ....
- lettres personnelles (amis, famille) : ....
- correspondance professionnelle (contrat, commande, etc.) : ....
- factures (relevés de téléphone, fournisseurs, etc.) : ....
- taxes et impôts : ....
- autres : ....

Étape 3

Avec toujours les mêmes techniques, essayez maintenant d'établir le nombre de lettres et colis, par catégorie, que vous recevrez pour la semaine à venir.

Si cela marche, essayez d'en faire autant pour une ou deux dates précises, distantes de quelques semaines.

Étape 4
Une fois que vous aurez constaté que la justesse de vos prédictions dépasse les 90 %, vous pourrez alors vous risquer à poser des questions très précises telles que *«Recevrai-je le paiement de telle facture d'ici deux semaines ?»*

Vous pouvez aussi vous servir d'un calendrier. Tout en tenant votre pendule d'une main, pointez avec l'index de l'autre main, le mois où vous espérez recevoir l'argent. Si la réponse est affirmative, utilisez la même méthode pour déterminer ensuite la semaine, puis le jour de l'arrivée du paiement.

Conclusion

LES 12 CLÉS DU SUCCÈS EN RADIESTHÉSIE

Qu'est-ce qui fait que certaines personnes percent en radiesthésie ? Ou à l'inverse, comment se fait-il que des sujets doués - voire surdoués - ne développent pas tout leur potentiel ?

À force d'observer et d'expérimenter, il m'est apparu qu'un certain nombre de constantes caractérisaient les bons radiesthésistes.

J'aimerais donc profiter de cette conclusion pour vous donner ce que je considère être les principales clés du succès en radiesthésie.

Clé N° 1 : Vous devenez un bon radiesthésiste au moment où vous oubliez que vous faites de la radiesthésie

La réussite en radiesthésie s'obtient lorsque vous parvenez à vous «oublier». D'une certaine façon, si votre activité radiesthésique donne des résultats, ce n'est pas vraiment à cause de vous. Vous n'êtes que l'«instrument» de votre subconscient. C'est lui qui, en définitive, fait tout le travail.

Un confrère allait même jusqu'à dire à ses élèves qu'il n'était que «le petit chien de son subconscient». Pour lui, tout l'art de la radiesthésie consistait à «dresser le petit chien pour qu'il obéisse au doigt et l'œil au subconscient tout-puissant». Et dans son cas, cette façon de penser débouchait sur des résultats époustouflants.

Cependant, il n'est sans doute pas nécessaire d'employer des termes aussi excessifs. L'important est de comprendre le mécanisme par lequel une légitime fierté se transforme en un orgueil stérile et paralysant.

Ce mécanisme est similaire à l'accoutumance à une drogue.

Lors des premières tentatives réussies, le cerveau éprouve un plaisir nouveau et intense associé à une sensation de pouvoir.

Si l'adepte s'attache trop à ce plaisir, il en vient à pratiquer la radiesthésie uniquement pour ressentir la sensation de pouvoir. Peu à peu il s'identifie de plus en plus à ce pouvoir et à une nouvelle image de lui-même.

Dès lors, il ne se «permet» plus de se tromper et le moindre échec lui apparaît comme une cuisante blessure à son amour-propre.

Plus moyen alors de rentrer dans l'état de relaxation et de détachement qui favorise l'utilisation maximale du cerveau. Trop vouloir devient alors un obstacle au véritable pouvoir.

À vos débuts, ce processus sera d'autant plus destructeur que vous souhaiterez trop rapidement impressionner un public, fut-il amical.

Dans les premiers temps, l'anonymat demeure donc l'idéal. Lorsque vous réussissez ce qui semble à vos yeux un petit exploit, résistez au besoin - tout à fait naturel - de vous en vanter : <u>accumulez plutôt du pouvoir en secret.</u>

Tel est le plus sûr moyen d'acquérir une véritable confiance en soi, laquelle ne s'oppose pas à la neutralité d'esprit.

C'est un peu comme laisser le temps à la graine de pousser sous terre avant qu'elle n'affronte la lumière. Ce n'est pas en la déterrant sans cesse qu'elle poussera plus vite ! Bien au contraire !

Lorsque, par la suite, vous ferez des expériences en public, opérez dans un climat de jeu. N'ayez pas l'air de trop prendre la radiesthésie au sérieux. Faites comme si vous essayiez cela une fois en passant, pour vous amuser. Laissez faire aussi les autres pour leur montrer ce qu'il y a moyen de faire avec le pendule.

Clé N° 2 : N'ayez pas peur des états «altérés»

Les artistes et les penseurs qui ont fait progresser l'humanité, ont tous connu des états de conscience inhabituels ou extrêmes qui leur permettaient d'avoir accès à leur subconscient. Génie rime avec folie, dit-on souvent.

Les surréalistes, par exemple, ne juraient que par le «dérèglement raisonné de tous les sens» pour trouver l'inspiration.

Un chercheur comme Friedrich Von Kékule avait trouvé le secret de l'architecture de la molécule de benzène dans un rêve où il voyait des serpents se tortiller. Et lors d'une conférence, il alla jusqu'à recommander à ses fort sérieux confrères : «Rêvez messieurs».

La radiesthésie vous amènera à découvrir aussi des dimensions inconnues de votre esprit. Et vous devez donc vous attendre aussi à des surprises.

Les radiesthésistes expérimentés passent par toute une gamme d'états mentaux et physiques inconnus de la plupart des gens. Certains radiesthésistes sortent galvanisés d'une prospection radiesthésique. D'autres, en ressortent épuisés. D'autres encore, sont traversés de puissants courants d'énergie qui semblent venir du sous-sol.

Dans tous les cas, la baguette ou le pendule paraisent être mûs par une force qui semble souvent «extérieure» à celui qui les tient.

Mais peu importe ce qui se passe, l'adepte passionné de radiesthésie accepte l'état de conscience altéré, quel qu'il soit.

En fait, la crainte de ce type d'état est l'un des obstacles majeurs à des progrès rapides en radiesthésie. Plus vous saurez vous laisser aller, plus vous ferez confiance à ce qui vous arrive, plus votre intuition radiesthésique se développera. Interprétez tout phénomène inhabituel comme quelque chose de NORMAL et tout ira bien.

Clé N° 3 : Acceptez la lenteur des progrès

Imaginez que vous ayez 7 ans et qu'un bon génie vous apparaisse. Ce génie a sa petite spécialité. Si vous acceptez son offre, il peut vous donner, en un instant, la conscience, la maturité, les aptitudes et les connaissances que vous aurez à 40 ans.

Que se passerait-il alors dans votre tête ? Sans doute, le choc serait-il trop violent pour cet enfant de 7 ans ? Cette brusque révélation serait comme une mort psychologique pour lui. Ou le début de la folie.

C'est la même chose pour l'adulte. Si une quelconque faculté se développe trop rapidement sans une certaine adaptation au niveau de la personnalité, il y a toujours la possibilité d'un grave déséquilibre de la personnalité.

Toute forme de pouvoir risque de corrompre. Caligula, Hitler et combien de «golden boys» de la haute finance ou de scientifiques ne se sont-ils pas brûlés les ailes en jouant avec le pouvoir ? «Science sans conscience n'est que ruine de l'âme» disait Rabelais.

Si vous avez l'impression que votre évolution en radiesthésie est un peu lente, voyez-y plutôt le fait que votre esprit et votre corps s'adaptent sagement et progressivement à une nouvelle façon de «penser».

Clé N° 4 : Sachez accepter qu'il ne se passe plus rien

Il y a pire que la lenteur des progrès. En radiesthésie comme dans tout domaine, il y a des passages à vide où plus rien du tout ne se produit.

Une pénible sensation de sécheresse mentale vous assaille. La douce humidité de la pensée intuitive vous fait défaut. Vous avez l'impression d'être revenu à la case départ.

Ce genre de «traversée du désert» est cependant essentielle pour passer à un niveau de pratique plus avancé. Vos résidus psychiques, vos vieux mécanismes mentaux doivent se dissoudre.

Durant ces périodes douloureuses, à votre insu, un travail de purification mentale s'opère qui purge, affine votre intuition radiesthésique.

Il s'agit alors de continuer à faire des exercices simples sans rien en attendre. Voire même de ne pas pratiquer du tout la radiesthésie pendant un certain temps.

Puis un beau jour, tout repart de plus belle, avec une finesse de perception et d'exécution qui vous surprend.

Clé N° 5 : Étudiez à fond vos réactions musculaires en tenant le pendule ou la baguette

Comme l'ont fait remarquer d'autres avant moi, le pendule n'a pas la même liberté de mouvement dans toutes les directions, si vous le tenez de manière incorrecte. Ce faisant, le pendule aura tendance - mécaniquement - à faire certains mouvements plus que d'autres. Et donc, à fausser vos résultats.

Vous auriez donc intérêt à bien étudier ce phénomène afin de contrer toute erreur possible.

Trouvez la position parfaite dans laquelle le pendule peut se mouvoir avec la même facilité dans les différentes directions.

Faites également ce genre de travail avec les différentes baguettes.

Clé N° 6 : Établissez VOTRE convention mentale une bonne fois pour toutes

J'en ai déjà parlé, mais je crois qu'il est important d'y revenir. Éduquer le réflexe radiesthésique reste l'une des grandes clés.

Durant les premiers mois d'apprentissage, débutez votre entraînement en vérifiant les réactions de votre pendule ou de votre baguette avec des questions simples que vous pourrez élucider immédiatement.

Par exemple, en vous positionnant devant un mur blanc, demandez *«Suis-je devant un mur rose ?»*. Puis *«Suis-je devant un mur blanc ?»*.

Complexifiez ensuite les questions avec un mot ou deux qui apporteront une nuance importante. Par exemple : *«Suis-je devant un mur blanc sans fenêtre ?»* Votre instrument doit pouvoir réagir, avec justesse, à la moindre nuance abstraite.

Certes, une fois que vous commencerez à faire des expériences plus compliquées, il sera tentant d'aller toujours plus avant et de poser des questions de plus en plus difficiles. Mais c'est un peu comme jouer à quitte ou double vos réserves de confiance en vous.

Développer votre pouvoir radiesthésique, c'est comme allumer un feu. Vous commencez par mettre du petit bois. Puis, du plus gros. Et parfois, il faut remettre du petit bois pour relancer le feu. Mais vous ne déposez jamais de grosses bûches sans vous être assuré auparavant, que le feu est bien pris.

De même, le sportif de haut niveau débutera toujours son entraînement par divers exercices d'échauffement et d'étirement. Et le grand pianiste continuera de faire ses gammes tous les jours même s'il peut se permettre de jouer des pièces excitantes.

Cela étant dit, je vous rappelle que bien établir votre convention mentale, c'est aussi la garder pour toute votre vie.

Clé N° 7 : Adoptez des conventions mentales qui soient les plus simples possibles

Bien des radiesthésistes ont des habitudes très compliquées, quand vient le temps de pratiquer leur art. C'est le cas en particulier, de certains «physiciens».

Ceux-ci vont, par exemple, attribuer une valeur «scientifique» à des appareils gradués munis d'aiguilles aimantées qui leur permettent de détecter le rayonnement spécifique de chaque métal.

Ou bien, ils attribuent une valeur particulière au matériel dont est fait le pendule. Pour opérer, il leur faut à tout prix tel type de métal ou de bois.

Plusieurs croient aussi qu'il ne faut jamais porter de métal durant une recherche radiesthésique. Ou, que des semelles de caoutchouc bloquent les énergies telluriques qui passent par les pieds, que tel type de tissu isole du tellurisme, etc.

Ou encore, qu'il est nécessaire d'orienter à tout prix la carte vers le nord, pour la pratique de la téléradiesthésie.

Sans être des «physiciens» à proprement parler, bien des radiesthésistes adoptent aussi toutes sortes de principes d'apparence rationnelle mais qui compliquent singulièrement leur travail, sans qu'ils ne s'en rendent compte.

Paradoxalement, on trouve parmi ces deux catégories de radiesthésistes d'excellents opérateurs. Mais leur problème vient de ce qu'ils finissent par transformer une simple convention mentale en une «loi» scientifique.

Leur confiance en leurs facultés radiesthésiques est donc très fragile car elle repose sur une illusion mentale.

À quelques reprises, je me suis amusée à tendre - gentiment - des pièges à des confrères radiesthésistes afin de leur montrer que certaines de leurs «lois radiesthésiques» n'étaient que des constructions mentales arbitraires. Et, j'ai réussi à les faire opérer avec succès, dans des conditions où ils n'auraient pas dû, normalement, obtenir de résultats !

Certains m'en ont voulu, mais d'autres m'ont remerciée de leur avoir fait vraiment comprendre ce qu'était une convention mentale. C'est-à-dire un simple protocole de communication avec le subconscient. Rien de plus.

Donc, simplifiez au maximum vos conventions mentales et ne cherchez surtout pas à les justifier avec tout un fatras pseudo-scientifique.

Clé N° 8 : Développez vos connaissances mentales dans votre domaine d'expertise radiesthésique

J'en ai déjà un peu parlé au chapitre 6. Vous serez peut-être amené à développer une certaine spécialité : radiesthésie minière, radiesthésie médicale, etc.

Tout ce que vous apprendrez alors en géologie, en hydrologie, en médecine ou dans toute autre matière pertinente, structurera votre subconscient.

C'est là également un atout quand vous pratiquerez votre art devant des professionnels (ingénieurs, médecins, etc.).

D'une part, cela vous évitera de recourir inutilement à la radiesthésie quand une simple déduction logique basée sur des connaissances établies permet de résoudre le problème. Vous n'en aurez que d'autant plus de crédibilité.

D'autre part, vos connaissances techniques vous permettront d'opérer avec plus de précisions si vous savez quelle est la nature réelle des phénomènes physiques impliqués. C'est pourquoi, notamment dans l'ancienne URSS, beaucoup de radiesthésistes, impliqués dans la prospection minière ou pétrolifère, sont des scientifiques.

Bien entendu, il ne faudrait pas que vos connaissances intellectuelles nuisent à votre neutralité d'esprit, en créant certaines attentes.

Clé N° 9 : Ne cessez jamais d'exercer vos sens et votre esprit d'observation

Tout comme il est essentiel d'entraîner le réflexe radiesthésique, il est important d'aiguiser les sens à tous les niveaux. Le sixième sens s'appuie sur un raffinement de plus en plus grand des autres sens.

Mieux écouter la musique. Savoir identifier avec précision les odeurs ou les parfums. Mieux goûter la nourriture ou les vins. Prendre conscience de toutes les sensations physiques - même banales - qui traversent le corps en tout temps. Voilà autant de façons de développer votre faculté intuitive.

À l'inverse, notre mode de vie moderne tend à anesthésier nos sens. Ainsi, la pollution des villes nous force à annihiler notre sens de l'odorat. Quant aux nourritures commerciales insipides, elles sont relevées avec des doses massives de sel, de sucre et d'additifs divers. Il en devient difficile de goûter la saveur naturelle des aliments naturels.

Réveiller et cultiver vos sens fait partie intégrante de l'entraînement radiesthésique. La radiesthésie n'est pas qu'une technique d'investigation. C'est aussi un art de vivre basé sur une perception plus subtile de la réalité.

Clé N° 10 : Entraînez-vous sans cesse à distinguer raisonnement et intuition

Il existe des modes de pensée très subtils qui peuvent ressembler à de l'intuition. Mais ils n'en demeurent pas moins des raisonnements.

Le raisonnement est efficace pour mettre de l'ordre dans les faits et déboucher sur une solution logique. Cependant, il ne permet pas de connaître l'«au-delà des faits connus».

D'où, l'importance en radiesthésie, de faire la différence entre l'intuition neutre et le raisonnement.

Les techniques de méditation et d'observation mentale, décrites au chapitre 7, sont une première étape indispensable pour apprendre à distinguer la source des intuitions et celle des raisonnements.

Clé N° 11 : Évitez de prouver votre DON, sans raison valable

Au cours de votre pratique, vous rencontrerez bien des curieux ou des sceptiques qui voudront mettre votre talent à l'épreuve.

Résistez à la tentation. C'est du gaspillage de pouvoir, la plupart du temps.

«L'homme puissant n'agit pas», disait Lao-Tseu. Cette phrase un peu énigmatique pourrait notamment s'interpréter comme suit : celui ou celle qui sent le besoin de prouver son pouvoir, au moindre défi, n'est pas vraiment sûr(e) de son pouvoir.

En revanche, il est tout à fait normal de montrer ce que vous pouvez faire, si votre client vous demande de prouver votre compétence. Quand il s'agit de découvrir de l'eau ou des métaux, entre autres, ce ne sont pas des sornettes.

Par ailleurs, si vous avez affaire à un scientifique sérieux et ouvert qui désire vous soumettre à certaines expériences, voyez-Y une façon d'approfondir votre art.

Mais à éviter par dessus tout : la radiesthésie de salon, pratiquée dans des atmosphères enfumées, en compagnie de gens frivoles et enivrés. Même si ces personnes sont favorables à votre démarche, ne gaspillez pas votre temps !

La faculté radiesthésique émane de ce «sens de l'eau», qui lui-même est intimement lié à l'instinct de survie. C'est pourquoi, la pratique de la radiesthésie ne peut se réduire à un futile jeu de société.

Comme l'a fort bien dit le radiesthésiste G. Degueldre :

«Le subconscient ne se prête pas volontiers à cette déchéance, lui qui semble n'être braqué que vers ce qui est utile. Chez le primitif déjà, il semblait n'exister qu'en fonction des besoins de l'existence et, plus spécialement, en fonction de l'auto-défense.

Le subconscient du radiesthésiste échoue généralement quand il s'agit d'un jeu ou d'autres expériences gratuites, sans but fondamental et impérieux. Et cependant, il est tout de suite prêt quand il s'agit d'intervenir pour secourir ou soigner une personne en danger.»

Bien entendu, il est normal de poser des questions sans importance au début de votre entraînement radiesthésique. Mais alors votre démarche n'est pas futile et votre subconscient le sent bien.

Au contraire, il ne demande pas mieux que de collaborer à ce travail d'unification psychique que vous entreprenez.

Clé N° 12 : Ne faites pas de la radiesthésie, uniquement pour l'argent

Je me souviens d'une dame haïtienne qui souffrait de graves maux de dos. Cette dernière avait essayé les meilleurs spécialistes des hôpitaux de Paris mais, sans améliorer son état de santé.

Puis un beau jour, elle entreprit d'aller voir sa famille à Haïti. Alors qu'elle faisait part de ses problèmes à l'une de ses tantes, celle-ci lui suggéra d'aller voir une extraordinaire guérisseuse des environs de Port-au-Prince.

Contre toute attente, la guérisseuse réussit à chasser le mystérieux mal de dos qui avait déjoué la compétence des plus grands spécialistes. Éperdue de reconnaissance, la dame voulut la récompenser avec une somme rondelette. La guérisseuse refusa net : «Je vous remercie, mais si j'accepte votre argent, je perdrai mon pouvoir de guérison».

Certains radiesthésistes pensent ainsi. Tel est le cas notamment du célèbre radiesthésiste britannique William Burgoyne, qui a souvent collaboré avec Scotland Yard (voir chapitre 17). Ce dernier considérait son exceptionnel talent radiesthésique comme un «don spirituel». Et il était convaincu que s'il demandait de l'argent, il perdrait son pouvoir.

Dans notre monde où les moindres rapports sociaux sont soumis à la dictature de l'argent, une telle attitude peut étonner. Mais, l'esprit de gratuité a un certain sens, si vous prenez notamment en considération l'importance de l'empathie en radiesthésie médicale ou psychologique.

Dans ces domaines, un travail efficace n'est possible que si vous éprouvez une compassion véritable pour votre client.

De plus, contrairement à un médecin, par exemple, qui dispose de tout un arsenal d'instruments et de tests, vous n'avez qu'un pendule et votre intuition.

Or, cette intuition est fragile. Il faut lui conserver son innocence et sa pureté. Et pour cela, il importe que le besoin d'aider reste toujours plus puissant que celui de «faire» de l'argent.

Bien entendu, inutile d'être idéaliste ! Tout travail mérite salaire. Si votre travail radiesthésique permet à d'autres de faire fortune, il n'y pas de raison que vous n'ayez votre part de profit. Tel est le cas, en particulier, avec la radiesthésie minière et pétrolifère.

Néanmoins, le fait de travailler, de temps à autre, dans un esprit de gratuité vous permet de renouer avec les fondements de la radiesthésie : neutralité mentale, oubli de soi, détachement face au but.

Autant de qualités qui vous serviront également dans la vie de tous les jours...

INDEX

A

B

C

D

F

G

H

L

M

Q

R

S

T

U

V

ADRESSES UTILES

Maison de la Radiesthésie
16, rue Saint-Roch
75001 Paris
Tél. (1) 42.60.41.84
Fax : (1) 40.20.07.59

Associations

Association des Amis de la Radiesthésie
60 bis, avenue Foche
95220 Herblay
Tél. (1) 39.97.48.98

G.N.O.M.A.
(Groupement National pour l'Organisation de la Médecine Auxiliaire)
3 bis, rue Bleu
75009 Paris
Tél. (1) 47.70.36.70

Syndicat National des Radiesthésistes
42, rue Manin
75019 Paris
Tél. (1) 42.39.13.13
Fax : (1) 42.39.20.91
(Association de praticiens de thérapeutiques naturelles, guérisseurs, magnétiseurs)

F.N.R. (Fédération Nationale des Radiesthésistes)
Avenue de la Résistance
47340 Laroque Timbaut

BIBLIOGRAPHIE

Benrov, Itzhak, *Stalking the Wild Pendulum*, E.P. Dutton, New york, 1977

Bouchet, René, *Initiation aux courants telluriques*, Celticodex, France, 1991

De France, Henry, *Radiesthésie, théorie et pratique*, Librairie Desforges, Paris, 1985

Degueldre, Gilbert, *La radiesthésie, cet instinct originel*, Publié à compte d'auteur, 1985

Desbuquoit, Ach., *Les veines qui tuent*, P. Lethielleux, Libraire- Éditeur, Paris, 1940

Graves, Tom, *Techniques de la radiesthésie moderne*, Éditions Feu Vert Inc., Montréal, 1976

Hitching, Francis, *Pendulum, the psi connection*, Fontana/Collins, Glasgow, 1977

Howells, Harvey, *Dowsing : mind over matter*, The Stephen Greene Press, E.-U., 1982

Jurriaanse, D., *The Practical Pendulum Book*, Samuel Weiser, Inc., Maine, 1987

Kersaint, Jean-Pol, *Tout par la radiesthésie*, Éditions Dangles, St-Jean-de-Braye, 1974

Lacroix à l'Henri, René, *Manuel de radiesthésie*, Éditions Dangles, St-Jean-de-Braye, 1981

Le Gall, Maurice, *Toute la radiesthésie en neuf leçons*, Éditions Dervy-Livres, Paris, 1978

Leftwich, Robert H., *La radiesthésie*, Éditions Garancière, 1985

Leprince, Dr Albert, *Radiesthésie médicale*, Éditions Dangles, Paris, 1934

Lonegren, Sig, *Le pendule*, France Loisirs, Paris, 1991

Luzy, Antoine, *La radiesthésie moderne*, Éditions Dangles, Paris, 1970

Moine, Michel, *Guide de la radiesthésie*, Éditions Stock, Nancy, 1976

Monne, Antoine, *Le radar humain*, Promotion et Édition, Paris, 1969

Nielsen, Greg et Polansky, Joseph, *Pendulum Power*, Destiny Books, Vermount, 1987

Robbins, Anthony, *Pouvoir Illimité,* Éditions Godefroy (code LP48)

Robbins, Anthony, *Potentiel Illimité*, Éditions Godefroy (code LDPI)

Secondé, Jean-Claude, *Le miracle du pendule*, Publié à compte d'auteur, Paris

Tressel, Pierre, *La pratique de la radiesthésie*, Éditions Alsatia, Paris, 1952

Victor, Jean-Louis, *Radiesthésiste, pendule, baguette, magnétisme*, Éditions Québécor, Montréal, 1992

TABLE DES MATIÈRES

TABLE DES MATIÈRES DES ILLUSTRATIONS

Achevé d'imprimer en septembre 1994
dans les ateliers de Normandie Roto Impression s.a.
61250 Lonrai

N° d'imprimeur : I4-1829
Dépôt légal : septembre 1994

Imprimé en France

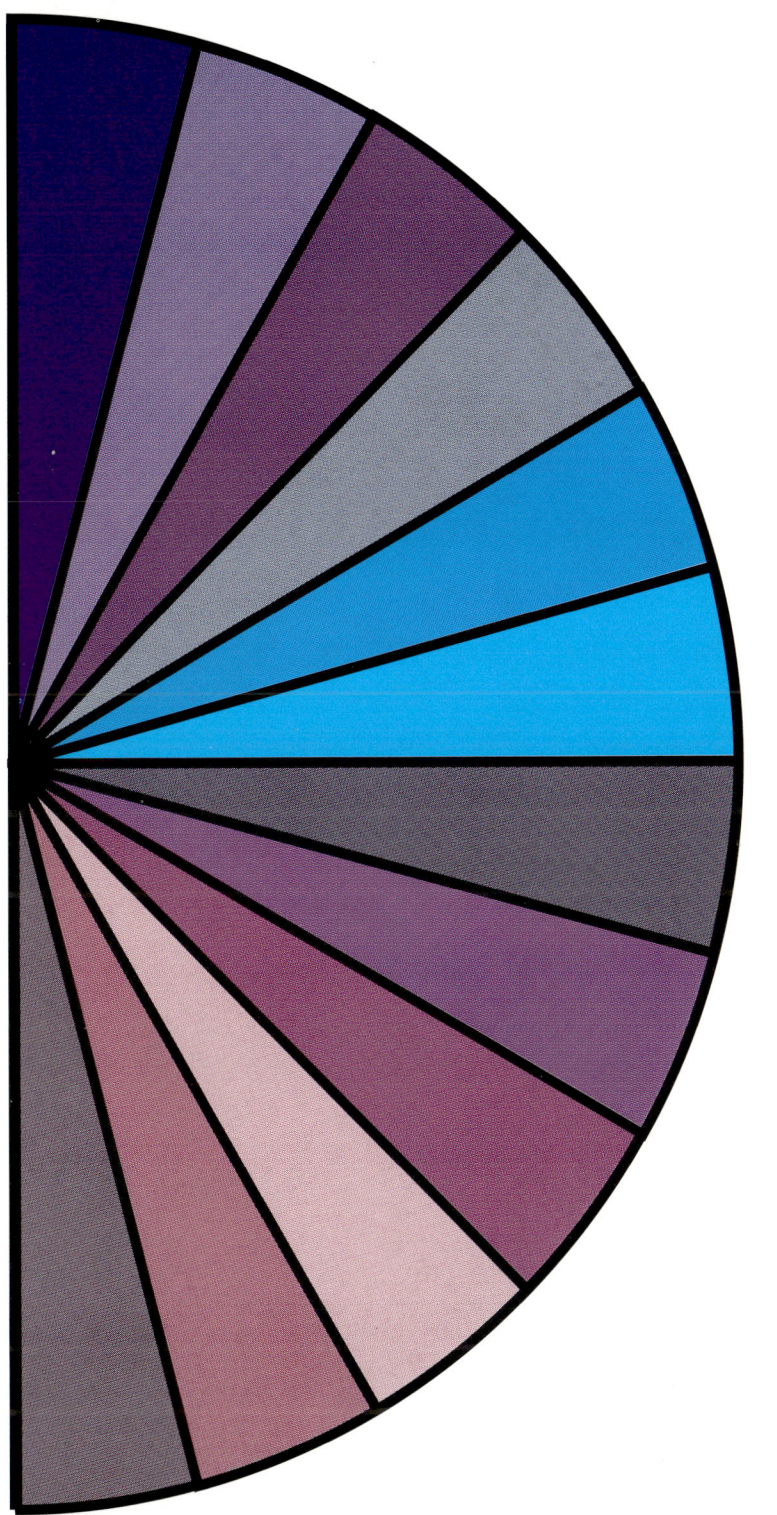